KB040831

다음 세대를 생각하는
인문교양 시리즈

자신만의
하늘을 가져라

나무에게 배우는 자존감의 지혜

강판권(쥐똥나무) 지음

샘터

자신만의 색깔로 살라

나의 삶은 농촌의 산천과 초등학교 운동장에 뿌리를 두고 있습니다. 경상남도에서도 오지 중에 오지인 창녕군 고암면의 땅과 하늘과 나무를 학창 시절 내내 온몸으로 만나며 살았습니다. 고향 산천은 내가 하는 모든 공부의 바탕입니다.

고향에서의 경험은 나보다 서른두 살이나 많은 아버지의 경험과도 크게 다르지 않습니다. 다만 내 기억 속에 부모님의 사랑스런 손짓이나 따뜻한 칭찬 같은 것은 한 조각도 남아 있지 않습니다. 계속된 논밭일과 부모님이 자주 다툰 기억들뿐입니다. 하지만 평생 농사일을 한 부모님 밑에서 자란 덕에 보리와 밀을 구별할 줄 알고, 소와 경운기로 논밭을 갈 줄 알며, 두부를 만들 줄 알고, 일상에서 먹는 음식의 재료를 알고 있습니다.

공자는 늘 아들과 제자들에게 《시경》을 강조했습니다. 《시경》을 모르면 말을 할 수 없다고도 했습니다. 다양한 사물을 익히는 데 그만한 게 없다고 생각한 것입니다. 나는 농촌에서 자란 덕에 식물이 성장하는 과정을 자연스럽게 배웠습니다. 대학 시절까지도 산에 가서 소에게 풀을 먹이고, 들에 가서 풀을 베는 일이 일상이었습니다. 그래서 소와 사람이 먹는 식물을 구분할 줄 압니다. 초등학교 시절에는 회화나무와 느티나무 아래에서 많은 시간을 보냈습니다. 한여름에는 매미 소리를 들으며 낮잠을 즐기기도 했고, 신작로의 버드나무 가지를 꺾어 피리를 불기도 했습니다.

누구나 자신만의 경험이 있습니다. 그러나 이를 생산적으로 활용하는 경우는 많지 않습니다. 나는 나무를 만난 뒤로 경험을 충분히 살리면서 살아가고 있습니다. 특히 일상의 경험을 학문의 영역으로 확장하게 되었습니다.

내가 나무를 선택한 것은 결코 우연이 아닙니다. 내 삶 속에 언제

나 나무가 사리 잡고 있었기 때문에 절박한 순간에 나무를 찾게 된 것입니다. 사람이 죽을 때 가장 소중한 것을 찾듯이 말입니다.

나는 나무에게 길을 물었습니다. 나무는 내가 늘 만나는 존재였고, 언제 어디서나 만날 수 있었습니다. 나무는 인간의 삶과 가장 가까운 곳에 있었습니다. 절박한 순간에 나무에게 길을 물었던 것은 가장 경제적인 방법이었습니다. 어떤 경우에도 돈이 들지 않으니까요. 누구든 돈 한 푼 들이지 않아도 한 발짝만 움직이면 나무를 만날 수 있습니다. 비가 오나 눈이 오나 바람이 불어도 만날 수 있고, 굳이 약속하지 않아도 만날 수 있습니다.

나무를 만난다는 것은 자신의 얼굴을 바라본다는 의미이기도 합니다. 얼굴을 뜻하는 한자 '상相'은 '눈으로 나무를 본다'는 의미를 담고 있습니다. 내가 나무를 만나면서 길을 찾을 수 있었던 것은 나무를 통해 자신을 정확하게 알 수 있었기 때문입니다. 소크라테스는 "너 자신을 알라"라고 말했습니다. 공자는 "아는 것을 안다고 하고, 모르는 것을 모른다고 하는 것이 진정으로 아는 것이다"라고 말했습니다. 자신을 안다는 것은 어떤 의미일까요. 자신을 온전히 받아들이려는 자세가 중요하다는 의미 아닐까요. 나무를 만나기 전에는 스스로를 온전히 받아들이지 못했습니다. 작은 키와 못생긴 얼굴, 내게 도움이 되지 않는 부모와 형제를 원망했습니다. 지방대학이라는 출신과 일자리를 만들어 주지 않는 스승을 탓했으며, 세상이 나를 알아주지 않는 것에 분노했습니다. 나의 처지를 변명하고, 남 탓하는 것으로 위안을 삼았죠. 얻은 것은 아무것도 없었습니다. 세상에 아무리 큰 소리로 외쳐도 바뀌는 것은 없었습니다. 나는 그동안 자존하지 않은 채 남에게 이끌려 살았던 것입니다. 나무를 만나기 전까지 나의 삶은 《장자》에 나오는 '한단지보邯鄲之步' 이야기와 닮아 있습니다. 전국 시대 연나라 출신의 한 젊은이가 조나라의 서울인 한단에 가서 그곳 사람들의 걸음걸이를 배우다가 자신이 연나라 때 걷던 걸음걸이조차 잊어버려 엉금엉금 기어서 돌아갔다는 이야기입니다. 남 흉내만 내다가 본래 자신의 본성마저 잃어버린 셈이죠.

나는 나무를 만난 이후로 자존할 수 있었습니다. 자존은 곧 자신의 모든 것을 완벽하게 받아들이는 과정을 의미합니다. 자존하는 사람은 자신의 못난 부분까지 온전히 받아들여 그 자체를 좋다거나 나쁘다고 판단하지 않죠. 사람은 저마다 결이 있습니다. 나무의 결처럼 사람도 자신의 결대로 살아가야 무한한 잠재력을 발휘할 수 있습니다. 흔히 소크라테스가 못생겼다고 하지만, 과연 소크라테스는 스스로 추남이라고 생각하면서 살았을까요? 만약 소크라테스가 추남이라는 말에 얽매였다면 결코 위대한 철학자가 되지는 못했을 것입니다. 그는 자신을 있는 그대로 받아들여 타고난 능력을 마음껏 발휘한 사람이었습니다. 나 또한 자신의 모든 것을 수용한 뒤에야 능력을 발휘할 수 있었습니다.

　세상에서 가장 불행한 인생은 남의 발자국을 따라 걷는 '추격의 삶'입니다. 이런 삶은 쉽게 지칩니다. 그러나 자신의 걸음과 결을 따라 걷는 '선도先導의 삶'은 즐겁습니다. 나는 나무를 만나 '추격의 삶'에서 '선도의 삶'을 살고 있습니다.

　나무는 어떤 경우에도 자신을 다른 존재와 비교하지 않습니다. 절대적인 가치를 지닌 자신의 삶을 타인의 삶과 비교한다면 '추격의 삶'에서 벗어날 수 없습니다. 그렇다면 어떻게 '선도의 삶'을 살 수 있을까요? 방법은 아주 간단합니다. 나무처럼 사는 것이죠. 나무는 오로지 자신을 위해서 치열하게 살아갈 뿐입니다. 지금부터 나무를 만나고 자존감을 되찾은 나의 경험을 이야기할까 합니다.

| 차 례 |

1장.

뿌리[根] :
근본은
아래로 향한다

뿌리가
아래로
향하는 이유

나는 뿌리를 생각하면 콩과의 칡뿌리를 떠올립니다. 대부분은 뿌리에 대해 물으면 조상祖上을 먼저 떠올리곤 합니다. 평소에 나무뿌리를 보지 않았거나 나무를 마음에 두지 않았기 때문입니다. 나무뿌리를 보려면 무엇보다도 나무에 관심을 가져야 하지만, 나무에 관심을 갖는다고 해서 반드시 뿌리를 보는 것도 아닙니다. 나 역시 나무를 공부하기 시작할 때만 해도 뿌리까지 보지는 못했으니까요.

　몇 년 전 울진군 소광리 금강송 군락지의 보부상길 탐방에 나선 사람들에게 숲 해설을 한 적이 있습니다. 나는 참가자를 모시고 산으로 갔습니다. 산 입구에 도착하자마자 걸음을 멈추고 숲에 인사하자고 했습니다. 남의 공간에 들어서는데 인사부터 해야 옳겠죠. 갑자기 많은 사람이 들이닥치면 산에 사는 나무나 다른 생명체들도 놀랄 수 있으니까요. 숲에 인사를 한 뒤 나무뿌리를 보여 주었습니다. 그런데 몇 년 동안 이곳에서 숲 탐방객을 안내한 해설가 가운데 나무뿌리를 설명한 사람은 없었답니다. 나를 제외한 모든 참가자들이 나무뿌리를 무심히 밟고 지나쳤을 뿐이죠.

뿌리를 보려면 반드시 고개를 숙이거나 몸을 낮춰야 합니다. 내가 이럴 적에 가장 많이 만난 나무는 칡이었습니다. 봄철 길가에서 칡즙을 팔기도 하고, 한방에서 갈근탕을 감기약으로 쓰기도 해서 칡에 대해서는 많이들 알고 있죠. 그러나 현장에서 칡뿌리를 본 사람은 많지 않습니다. 칡이 자생하는 곳에 갈 기회가 없기 때문입니다. 칡은 대부분 낮은 산에 자생하지만, 큰 뿌리를 만나려면 인적이 드문 산골짜기까지 들어가야 합니다. 먹을 것이 부족했던 1960~70년대에 어린 시절을 보낸 나는 칡을 캐려고 위험을 무릅쓰고 깊은 골짜기로 들어가기도 했습니다.

칡뿌리는 보통 겨울에 캅니다. 겨울에는 칡 잎이 떨어져 성장도 멈출 뿐 아니라 무엇보다도 갈잎나무가 잎을 떨어뜨려 골짜기에 쉽게 들어갈 수 있습니다. 그 시절에 칡뿌리를 캐러 간 곳은 고향 집에서 4킬로미터 떨어진 산비탈 골짜기였습니다. 칡이 많다는 뜻을 가진 갈동葛洞이라는 곳의 뒷산이었죠. 경사가 매우 심해서 자칫 잘못

자신만의 하늘을 가져라

하면 아래로 굴러떨어져 다칠 수도 있었지만, 칡을 얻는 데 가장 좋은 곳이어서 모험을 하지 않을 수 없었습니다. 경사가 심한 만큼 위험하기도 하지만 칡뿌리를 캐는 데는 안성맞춤이었죠. 칡을 캐러 갈 때는 따로 도시락을 가져가지 않았어요. 막 캐낸 칡으로 허기를 면할 수 있었기 때문이죠. 목이 마를 땐 칡즙을 마시기도 하지만, 겨울이라 근처에 있는 고드름을 따서 먹었어요. 자주 가는 곳이라 주변 지형을 잘 알고 있어 걱정이 없었습니다.

칡 주변에는 돌이 많지만, 뿌리에는 반드시 흙이 있어야 합니다. 흙은 나무가 사는 데 필요한 영양분을 제공합니다. 그런데 나무는 흙의 도움만 받고 성장하는 것이 아니라 스스로 잎을 떨어뜨려 흙에 영양분을 공급합니다. 칡도 자신이 살기 위해서 매년 큰 잎을 떨어뜨려 흙을 비옥하게 만들죠. 칡이 땅속에 뿌리를 깊게 내리는 것은 줄기를 많이 만들기 위해서입니다. 뿌리가 깊을수록 줄기를 많이 만들고, 줄기를 많이 만들어야 잎을 많이 생산할 수 있으며, 잎을 많이 생산해야 빛을 많이 받아 성장할 수 있답니다.

나무뿌리를 생각하면 고등학교 국어시간에 배운 《용비어천가》 제2장이 떠오릅니다.

뿌리가 깊은 나무는 바람에도 흔들리지 아니해서 꽃이 좋고 열매도 많다.

샘이 깊은 물은 가뭄에도 그치지 않고 솟아나서 냇물이 되어 바
다에 이른다.

칡을 비롯하여 나무뿌리가 아래로 향하는 것은 위로 오르기 위
한 절대 조건입니다. 뿌리를 통해 줄기가 위로 오르게 하지 못하면
나무가 햇볕을 제대로 받지 못해 살아남을 수 없어요. 나무가 뿌리
를 땅 아래로 뻗어서 줄기의 가지를 위로 올리듯이, 사람도 자립하
기 위해서는 반드시 밑을 땅에 디뎌야만 합니다. 그러나 나는 마흔
살 즈음, 나무를 공부 대상으로 삼기 전까지 자립하지 못했어요. 한
존재가 자립하기 위해서는 나무처럼 뿌리를 굳게 만들어야 한다는
것을 이해하지 못했거든요. 나는 농촌의 초등학교, 그리고 같은 운
동장을 사용한 고등학교에서 중등학교를 다녔어요. 1960년대 말
과 1970년대 농촌의 중등학교는 시설은 물론 교육과정도 매우 열
악했습니다. 부모님이나 선생님에게 고민을 털어 놓거나 진로 상담
같은 것을 한 번도 받아 보지 못했습니다. 상담 선생님도 없는 시절
인 데다 부모님은 농사일에 바빠 자식들 학업에 관심을 갖지 못했어
요. 그렇다고 선배들 도움을 받을 수도 없었죠. 선배들도 나와 비슷
한 처지였거든요. 요즘이야 관련 책도 다양하고 방송을 통해 도움을
받을 수 있는 기회가 많아졌지만, 그때는 텔레비전은커녕 라디오도
아주 드문 시절이었거든요. 도서관이 아니면 책을 접할 기회도 없었

자신만의 하늘을 가져라

고, 학교 도서관에는 소장 도서가 많지도 않았죠. 학교 도서관 외에 공공 도서관도 드물었어요. 간혹 읍 단위의 공공 도서관에 간 적은 있지만, 10리 밖 도서관까지는 한 시간 넘게 걸어야 해서 꽤나 힘들었습니다.

아주 늦은 시기였지만 뒤늦게 자립할 수 있는 실마리를 찾은 것은 열악한 환경에서 산 경험 때문이었습니다. 한 사람의 경험은 그 어떤 것보다 자신에게 가장 소중하다는 걸 깨달았죠. 많은 사람들이 자신의 경험보다 사회적으로 성공했다는 사람들의 경험에 관심을 갖지만, 어떤 경우라도 지금까지의 삶을 만들어 낸 나의 경험이 세상 무엇보다 독창적이고 가치 있지 않을까요. 중등학교 시절의 나는 보다 나은 조건에서 학창 시절을 보낸 도시 학생들과는 전혀 다른 것을 경험했습니다. 만약 내가 나의 경험을 인정하지 않는다면, 지금까지의 나에게 남는 것은 아무것도 없습니다. 자기 존재를 부정하는 것만큼 불행한 일이 있을까요.

중등학교 때는 학교에 가는 시간을 제외하면 지게나 리어카로 땔감을 장만하는 데 많은 시간을 보냈습니다. 그 시절의 경험은 지금 내가 나무를 학문의 대상으로 삼을 수 있게 한 뿌리였습니다. 역사학자가 나무를 연구하는 일은 그동안 우리나라에 없었습니다. 그래서 나의 나무 연구는 독창적인 작업이 되었죠. 내가 이같이 독창적인 일을 할 수 있었던 것은 무엇보다 지금의 나를 만든 경험의 가치를 끌어 올렸기 때문입니다. 자신의 뿌리를 확인하는 일은 자기 장점을 인정하는 과정이기도 합니다.

나는 농촌에서 산 경험 외에 특별히 내세울 게 없는 사람입니다. 더구나 어린 시절에는 고향에 대한 자부심이 부족했습니다. 농촌에 산다는 사실조차 당당하게 말할 수 없었죠. 자신의 뿌리를 부정한 셈입니다. 그러나 지금은 나를 소개하는 지면에 반드시 고향을 적고, '농부의 아들'임을 강조합니다. 나무를 공부하면서부터 자신을 온전히 느껴볼 수 있었죠. 지금은 고향에 대한 자부심이 대단합니다. 특히 어린 시절 고모 댁이 있던 우포는 고향 창녕을 상징하는 관광지라는 사실에 큰 자부심을 느낍니다. 국제습지조약인 람사르협약에 의해 국가보존습지로 지정된 우리나라 최대의 습지인 우포늪에서 마름의 열매를 따서 삶아 먹던 추억을 자랑스럽게 여기죠. 많은 사람들이 찾는 전국의 명소 우포늪이 내 삶의 뿌리라는 사실은 흔히 간직할 수 없는 경험이기에 더욱 가치가 있습니다. 아울러 우포늪의 소중한 가치는 나에게 훨씬 더 큰 선물을 주었답니다. 그것은 바로 '논'이 습지라는 사실을 깨닫는 순간 알게 되었습니다. 내가 젊은 시절 거의 모든 것을 바친 농사일이, 평생을 농사에 목숨 건 부모님을 비롯한 조상들의 삶이 모두 위대하다는 것을 말입니다. 몇 해 전에는 충북 청원군 옥산면 소로리에서 1만 3천 년 전 것으로 추정되는 볍씨가 발견되기도 했죠. 그때는 우리나라의 벼농사가, 매일

자신만의 하늘을 가져라

같이 먹는 주식인 쌀밥이 얼마나 위대한지도 깨달았습니다. 이처럼 나는 나무를 통해 내가 그동안 겪은 경험과 삶이 얼마나 위대하고 소중한지를 깨달았습니다.

가장 힘들고
어려울 때
근본을 찾아야

살다 보면 피할 수 없는 위기를 맞습니다. 자신의 힘으로는 도저히
어쩔 수 없는 상황을 만나게 됩니다. 나에게도 그런 때가 있었답니
다. 첫 시련은 대학 입학시험에 떨어지고 나서 재수를 할 때였어요.
그 누구도 진정으로 내 앞날을 걱정해 주지 않았던 터라, 나 역시도
치열하게 고민하지 않았어요. 막연하게 대학 진학에 대해 고민했을
뿐입니다. 학과 성적이 좋지 않던 나에게 대학 문턱은 매우 높았습
니다. 고등학교 3학년 여름방학 때 집안 형편이 괜찮거나 용기가 있
던 친구들 중에는 대학 진학을 위해 대구에 있는 학원에 다니는 아
이도 있었어요. 하지만 집안 사정이 넉넉지 않고 배포도 작았던 나

자신만의 하늘을 가져라

는 학원에 갈 엄두를 내지 못했어요. 특히 수학을 제대로 배우지 못한 나로서는 본고사가 있는 대학 입시에 합격할 자신이 없었어요. 지금도 수학만 생각하면 암담합니다. 왜 우리나라 대학 입시는 수학의 비중이 그렇게 높은 것인지, 왜 수학 점수가 낮으면 소위 일류대학에 가기 힘든지에 대해 핏대를 세우기도 했습니다.

대학원에 진학한 1986년까지는 수학을 못하는 게 내가 능력이 부족한 탓이라고 생각했어요. 그러나 학문을 하다 보니 나의 능력과 수학 공부는 별개라는 것을 알았어요. 나는 고등학교 시절 농과대학 석사를 졸업한 선생님에게 수학을 배웠어요. 중학교 시절에는 수학 선생님이 서울에서 오셨죠. 그러나 두 분 모두 혼자서 칠판에 수학 문제를 풀다가 끝났어요. 학생들이 모르면 그저 핀잔을 주거나 분필로 머리를 쥐어박았죠. 선생님은 수학의 원리를 가르쳐 주는 게 아니라 문제 푸는 법만 알려 줬죠. 그러나 지금 내가 학생들을 가르치다 보니 그분들만 탓할 수 없다는 것을 알았어요. 왜냐하면 그분들도 선생님에게 그렇게 배웠을 테니까요. 문과생들에게는 수학은 쉽지 않습니다. 내 자식들도 수학에 약한 걸 보면 알 수 있어요. 그러나 조금만 관심을 기울여 원리를 가르쳐 준다면, 수학에 대한 원망이 조금 줄어들지도 몰라요. 수학에 대한 원망이 줄면, 특히 수학이 인생을 결정하지 않으면 우리나라 학생들의 앞날이 많이 달라질지도 모릅니다.

수학에 크게 상처를 받은 나는 역사에서 수학이 차지하는 비중을 알아보려고 수학사에 관한 책을 살펴봤습니다. 가장 취약한 분야에 적극적으로 관심을 가진 이유는 그로 인한 '원망'을 해소하기 위해서였습니다. 대학에서도 수학사를 배우지 않았지만, 수학의 역사를 알고 난 후 수학이 인류의 역사를 바꿨다는 것도 알았죠. 나는 아직도 왜 수학 선생님이 수학사를 가르치지 않았을까, 역사 시간에 왜 수학사를 가르치지 않을까 하는 의문을 품고 있습니다. 나는 내가 추구자는 학문을 '수학史學'이라 부릅니다. 나부를 통해 나를 가장 고통스럽게 만든 수학數學을 스스로 터득하기 위해서죠. 가능성에 대해서는 걱정하지 않습니다. 그저 도전하고 싶을 뿐입니다.

대학 졸업 후에는 취업하는 것이 가장 큰 걱정이었습니다. 하지만 나를 더욱 힘들게 한 건 주위의 관심이었어요. 보통은 무관심을 걱정하지만, 나에게는 오히려 지나친 관심이 더 큰 걱정이었습니다. 부모님을 비롯해 많은 사람들이 타인에게 갖는 관심은 대부분 누군가와 비교하는 상황일 때가 많습니다. 진정으로 누군가에게 관심을 갖는 것은 좋은 일일 테지만, 누군가와 비교하면서 걱정하는 것은 오히려 그 사람을 고통스럽게 만듭니다. 현재 대학 졸업생들이 고통을 호소하는 것도 무관심 때문이 아니라 지나친 관심 때문일지도 모릅니다. 나는 대학 졸업 후 방송국 기자에 도전했지만 모두 낙방했습니다. 누군가에게 잘 묻지도 못하는 성격이라 시험도 혼자서 준비했습니다. 대구는 물론 서울과 울산을 오가며 실기시험에 응시했지만 모두 보기 좋게 떨어졌죠. 나는 방송국 시험에 대비하기 위해 고향 바깥마당에 있는 화장실에서 신문을 소리 내어 읽곤 했습니다. 간혹 동네 형들이 화장실 앞을 지나가면서 내 목소리를 알아듣고는 "야! 너 통시('뒷간'의 방언)서 뭐하노?"라고 묻기도 했지만, 나는 부끄러워 아무 말도 하지 못했어요.

나는 기자의 꿈을 접고 다시 대학원 진학을 위해 모교의 도서관에서 재수를 시작했습니다. 부모님의 달갑지 않은 시선을 뒤로하고 자취하면서 오직 밥만 먹고 공부했죠. 학부 시절에도 마찬가지였어요. 여가를 즐길 돈이 없었거든요. 재수하는 동안 미래에 대한 불안도 컸지만 난생 처음으로 공부가 무엇인지, 공부가 왜 즐거운지 알았습니다. 그 이유 중에 하나는 당시 우리나라 출판계에 반향을 일으킨 도올 김용옥의 책을 읽고 많은 것을 깨달았기 때문이에요. 도올의 저서에서 소개한 노자의 《도덕경》, 《논어》와 《맹자》의 영어본, 영국의 니덤이 쓴 《중국의 과학과 문명》 등에 대한 정보는 내가 대학에서 한 번도 접하지 못한 신세계와 같았습니다. 나는 도서관에서 도올이 소개한 책을 읽으면서 대학원 시험을 준비했어요. 아울러 처음으로 중국사에 관심을 가졌습니다. 대학원 전공을 중국사로 선택한 것도 도올의 영향이었습니다.

나는 그동안 역사에 큰 관심이 없었어요. 중학교 시절에 고작 소위 '삼국지'로 불리는 《삼국지연의》를 읽었을 뿐이죠. 대학 입학 때도 처음에는 당시 신설학과인 신문방송학과에 원서를 썼지만 지원자가 많아서 상대적으로 지원자가 적은 역사철학계열에 원서를 넣어 합격한 것이었죠. 내가 대학에 진학할 수 있었던 건 1981년의 극적인 사회변화 덕분이었습니다. 1980년에 대구의 모 대학 본고사에 응시했지만 수학 점수가 워낙 낮아서 낙방했죠. 그런데 전두환 정권이 들어서면서 사회문제였던 과외를 없애는 대신 '졸업정원제' 라는 제도를 만들었습니다. 입학은 쉽게 하고 졸업은 어렵게 한다는 취지였어요. 대학에서는 입학 정원보다 30퍼센트가 많은 학생을 선발했습니다. 아마도 이 제도가 아니었다면 대학에 입학할 수 없었을지도 모릅니다. 지금 생각하면 등골에 진땀이 흐릅니다. 이후 대학원에 입학했지만 내 삶에는 큰 변화가 없었어요. 3년 만에 석사과정을 마치고 졸업했지만 바로 밥벌이를 할 수 있는 상황이 아니었거든요. 그래도 부모님께 손을 벌리지 않으려고 1년 동안 기간제 교사로 일했습니다. 그나마 교사자격증이 있어 기간제 교사로 일할 수 있었죠. 기간제 교사를 마친 후에는 마땅히 할 수 있는 일이 없어서 흔히 '보따리장사'라 불리는 시간강사 생활을 했어요. 시간강사를 하면서 박사과정에 들어갔지만, 박사과정에 들어가는 데도 3년이라는 시간이 걸렸어요. 외국어에 자신이 없던 터라 서울 소재의 대학원에 들어가기가 어려웠죠. 결국 지방 국립대학의 대학원에 진학하게 되었습니다.

　박사과정에 들어간 후 2년 과정을 마치고 6년 반 만에 겨우 졸업했어요. 중국 근대시기의 외교사를 주제로 논문을 준비하다가 갑자기 농업사로 주제를 바꾸느라 졸업이 늦어졌죠. 중국 근대 외교사는 프랑스, 미국, 독일, 일본, 러시아 등 당시 강대국들의 외교문서를 보지 않고서는 접근하기 어려운 주제였기 때문이에요. 그래서 과감하게 내가 가장 잘할 수 있는 농업사로 주제를 바꾼 것입니다.

　박사학위를 취득한 후에도 내 삶은 불안했습니다. 그간 결혼을 하면서 두 딸의 아버지로 살아야 했기 때문입니다. 보따리장사로는 생계조차 유지하기 어려웠어요. 아내는 아이를 낳으면서 다니던 직장을 그만뒀고, 혼자 벌어 가족을 부양할 수밖에 없었어요. 특히 벌이가 없는 방학이 가장 힘들었죠. 부족한 생활비를 카드로 메우는 일이 반복되었어요. 방학만 되면 빚이 늘었고, 개학하면 시간강사로 번 돈을 빚 갚는 데 모두 썼습니다. 두 딸을 유치원 보내기도 어려운 막막한 생활이 이어지면서 고통이 깊어졌습니다. 심지어 두 딸의 머리카락도 아내가 직접 잘라야 했어요. 박사학위를 받을 즈음, 나는 교수가 되는 걸 포기하고 나의 길을 걷기로 결심했어요. 오로지 죽지 않고 살아남기 위해서였죠. 그렇게 나무 공부가 나의 길을 안내했습니다.

보이지 않아도
보이는 것

나무는 각자의 뿌리를 갖고 살아갑니다. 나무뿌리는 땅속에 있는 경우가 많아서 눈으로 확인하기가 어렵습니다. 하지만 나무를 잘 살펴보면 뿌리의 방향을 알 수 있어요. 눈에 보이지 않는다고 해서 뿌리의 방향을 알 수 없는 것은 아닙니다.

　나무마다 뿌리를 뻗는 방법이 조금씩 다릅니다. 나무마다 삶의 방식이 다르기 때문이죠. 소나무, 차나무, 동백나무는 직근성直根性이에요. 직근성 나무는 중심을 이루는 뿌리가 직각으로 뻗은 후 다른 뿌리들은 옆으로 뻗죠. 직근성 나무라도 뿌리가 옆으로 뻗지 않으면 균형을 잡을 수가 없습니다. 소나무와 차나무처럼 직근성 나무는 추위를 견뎌야 하기 때문에 뿌리를 깊게 내리죠. 반면에 따뜻한 곳에서 잘 자라는 나무는 굳이 뿌리를 깊게 내리지 않아도 살아갈 수 있습니다. 그래서 열대지방의 나무들은 뿌리를 깊게 내리지 않고 옆으로 뻗죠.

박사학위를 받자마자 행복한 순간은커녕 가장 힘든 시간과 마주해야만 했습니다. 박사학위를 받는다면 적어도 먹고사는 문제만큼은 걱정하지 않아도 된다는 생각은 여지없이 산산조각이 났습니다. 박사학위증은 밥 한 톨도 보증하지 못했습니다. 대학에 입학하고 18년 만에 얻은 박사학위가 최소한의 생존조차 보장할 수 없다는 사실에 절망했습니다. 나는 살아남기 위해, 절망을 넘기 위해 보이지 않는 길을 선택했습니다.

한국 사회는 철저하게 종적인 구조입니다. 이 같은 특징은 오랜 관료사회의 역사적 전통과 밀접한 관계가 있죠. 나 또한 이러한 관행에 길들여지면서 그에 맞게 살려고 몸부림쳤습니다. 하지만 생활고에 부딪히면서 그러한 질서에서 벗어나기로 작정했습니다. 기존 질서에 벗어나 산다는 것이 쉽지 않다는 것을 잘 알고 있었지만, 내가 선택할 수 있는 것은 없었습니다. 나는 나만의 길을 나서기 전, 1여 년 동안 방황의 시간을 가졌어요. 인생 전체를 걸어야 하는 절체절명의 순간을 무 자르듯이 단박에 결정할 수는 없었던 거죠. 거의 매일 조그마한 암자에 찾아갔습니다. 암자 앞에 있는 의자에 앉아 숲을 바라보면서 어떻게 살지 고민했습니다. 조용히 숲을 바라보는데, 그동안 한 번도 어떻게 살지 치열하게 고민하지 않았다는 것을 깨달았어요. 그저 앞만 보며 살았던 것이죠. 앞만 보고 살았다는 것은 남들이 사는 방식을 그대로 좇아 살았다는 것을 의미했습니다. 자신을 정확하게 바라보지 않고 산다는 것이 얼마나 허망한지를 나이 마흔 즈음에나 깨달았으니, 나는 정말 우둔한 사람입니다.

암자에 있는 나무뿌리를 보면서 내 삶의 방향도 어스름하게나마 발견했습니다. 나무뿌리가 직선으로만 뻗지 않고 옆으로 뻗어 있는 것을 보면서 내 길을 발견하게 되었습니다. 뿌리가 옆으로 뻗어야 몸을 지탱할 수 있듯이, 종적인 수직적 삶에서 횡적인 수평적 삶을 살아야겠다고 결심하고 나니까 마음이 한결 편안했어요. 마치 비를 맞지 않으려고 발버둥 치다가 옷이 푹 젖고 나니 이제야 남들이 가지 않은 나만의 길을 걸을 수 있었다고 할까요. 나는 그렇게 많은 이가 걷는 길의 반대편으로 걸었습니다. 역사학자의 길을 포기하고, 나무를 인문학적으로 바라보는 '글쟁이'가 되기로 했죠. 지금까지 누구도 걷지 않은 길이어서 앞이 보이지 않았지만, 그렇게 두렵지는 않았습니다. 배수진을 치고 더 이상 물러설 곳이 없다고 생각하면 두려움은 의외로 줄어들죠.

내가 횡적인 삶을 살기 시작한 것은 역사학자로서는 새로운 길을 걷는다는 걸 의미합니다. 나무에 대한 관심 자체가 기존의 역사

자신만의 하늘을 가져라

학자와는 다른 모습이거든요. 사람들은 이런 낯선 모습을 보고는 나를 '괴짜'라고 불렀어요. 대부분은 학창 시절에 조금 낯선 행동을 하고 칭찬보다 꾸중을 들은 경험이 있지 않나요. 어느 신문사에서 나 같이 다른 분야에서 두각을 나타낸 사람들의 삶을 엮은 '괴짜' 시리즈를 연재하더니 책으로 출간했죠. 나는 졸지에 '괴짜 역사학자'가 되었습니다. 그래도 '괴물'이 아닌 '괴짜'여서 다행이라고 생각해요. 그런데 내게 '괴짜'라는 수식어가 붙은 것은 우리들이 익숙한 것에 관대한 반면 낯선 것에 불편해한다는 것을 방증하는 것일지도 몰라요. 때로는 익숙함에서 오는 편안함보다 낯선 것에서 발견하는 것들이 새로운 세상을 열어 주기도 합니다. 나처럼 말이죠.

나무를
세어 보았나요

나는 드디어 나무와 만나기 위해, 새로운 세상과 마주하기 위해 행동하기 시작했습니다. 그러나 그동안 나무에 무지했던 나는 나무 이름을 외우는 것부터 난관에 부딪혔습니다. 그래서 나무도감을 한 권 구입했습니다. 난생 처음 접한 나무도감은 학명, 분포, 특징, 관련 사진 등을 수록하고 있었지만, 현장에서는 그대로 적용할 수 없어서 적잖이 당황했어요. 현장에서 실물을 보는 순간 나무 모양도 다를 뿐 아니라 처음 접하는 나무 이름을 외우는 게 쉽지 않았죠. 나무 이름을 빨리 외우지 못하는 게 기억력이 안 좋은 탓인가 의심하기도 했죠. 하지만 그건 기억력이 좋지 않아서가 아니라 낯선 것을 처음

접했기 때문이었어요.

짧은 시간에 나무 이름을 외울 방법을 찾기 시작했습니다. 내가 찾은 방법은 학교의 나무를 한 그루 한 그루 세는 것이었어요. 과연 학교에 몇 그루의 나무가 있을까 궁금하기도 해서 이 방법을 생각해 냈죠. 캠퍼스에 살고 있는 나무를 한 그루 한 그루 세기 시작했어요. 나무를 세려면 반드시 나무 이름도 알아야만 해요. 그렇지 않으면 어디에 어떤 나무가 살고 있는지 표시할 수 없거든요. 나무를 세기 위해 먼저 구역을 정했어요. 구역을 정하지 않으면 헛갈리거나 중복해서 셀 수 있거든요. 나는 나무도감과 노트를 가지고 캠퍼스 곳곳을 돌아다니며 나무를 세기 시작했습니다.

나무를 세는 일은 내게도 무척 낯선 행동이었습니다. 그러니 다른 사람들에게는 나무를 세는 내 모습이 얼마나 낯설었을까요. 나무를 세는 나를 낯선 시선으로 바라보기 일쑤였고, 어떤 사람은 나에게 다가와서는 뭐하는지 묻곤 했습니다. 하지만 나무를 세면서 정말 많은 것을 얻었어요. 상상하지도 못한 것을 깨달았습니다. 가장 먼저 나무의 종류가 매우 많다는 것을 알았죠. 눈대중으로 보는 것과 직접 한 그루 한 그루 다가가서 세는 것은 전혀 다르답니다. 나는 지금까지 하나의 사물 혹은 생명체를 이처럼 자세히 본 적이 없었어요. 나무를 세면서 관찰이 무엇인가를 알았고, 동시에 관찰력이 창의성을 발휘하는 핵심이라는 것도 알았어요. 관찰은 보는 수준 가운데 최고 단계입니다. 누구든 처음부터 자세히 보지 않습니다. 처음에는 대충 살피다가 점차 자세히 보죠. 자세히 본다는 것은 어떤 것을 구체적으로 본다는 뜻입니다. 구체적으로 보아야만 구체적으로 생각할 수 있습니다. 구체적으로 생각할 때만이 상상할 수 있습니다. 나는 나무를 세면서 처음으로 내가 역사학을 전공한 이유와 가치를 깨달았어요. 무엇보다도 나무를 세면서 가장 크게 깨달은 것은 나에 대해 알았다는 것이죠.

내가 나무 이름을 공부하기 위해 적용한 또 하나의 방법은 '연상법'입니다. 연상법은 다른 것과 관련지어 외우는 방법입니다. 이 방법은 재수 시절에 서울의 학원에서 배웠어요. 소아마비였던 그 선생님은 나름의 기억법을 개발해서 강의하고 있었습니다. 입시 공부보다 그분의 특강에 관심이 많아 수강했죠. 그런데 그때 배운 연상법을 나무 이름 외우는 데 적용하니 꽤 효과가 있었습니다. 예컨대 콩과의 박태기나무와 자귀나무의 경우 '박치기'와 '자기야'로 기억하고, 소철과의 소철은 중국 북송 시대 시인이었던 소식(소동파)의 동생인 '소철'로, 뽕나무의 오디는 '오디오'로 기억하는 방식입니다. 요즘도 수업시간에 뽕나무 열매를 설명할 때는 오디를 귀에 걸고 음악 듣는 흉내를 냅니다. 학생들은 나의 이런 모습에 박장대소하죠. 어떻게 하면 사람들이 쉽게 나무와 만날 수 있는지를 고민하다 보니 자연스레 나무 이름을 잘 이해할 수 있는 방법까지 연구하게 되었습니다. 이러한 연구 결과는 《역사와 문화로 읽는 나무사전》이라는 책으로 나왔습니다. 국내에 나무 연구자가 많지만 나무 이름의 유래를 비롯하여 나무와 관련된 역사와 문화를 정리한 사례는 없었죠. 이 부분에 답답함을 느낀 나는 스스로 문제를 해결해 보고자 책을 준비하게 되었습니다. 나무 이름 외우기는 내가 가진 지식을 끌어모으는 계기가 되었습니다.

지난 7년 동안 나무 관련 교양강좌를 맡아 오며 수강생들에게 '나무 세기'라는 과제를 냅니다. 이 과제를 처음 받은 학생들은 황당한 표정을 짓습니다. 나무를 하나하나 센다는 생각을 해본 적 없는 학생들로서는 당연한 반응이죠. 하지만 성적에 반영이 되니 어쩔 수 없이 나무를 세기 시작합니다. 내가 학생들에게 세도록 하는 나무는 은행나뭇과의 은행나무입니다. 하필 은행나무를 세게 하는 것은 몸담고 있는 학교의 교목이기도 하고, 캠퍼스에 가장 많은 나무이기 때문입니다. 이는 학생들을 힘들게 하려는 심보가 아니라 캠퍼스 전역을 다니면서 확인하라는 생각에서였습니다. 학생 대부분이 졸업할 때까지 캠퍼스 전체를 밟아 보지도 않고 졸업하거든요. 은행나무를 세면서 캠퍼스 전체를 확인하는 절호의 기회를 갖는 셈입니다. 사실 학생들에게 은행나무를 세도록 하는 진짜 이유는 나무를 세면서 생명의 가치와 자존의 위대함을 깨닫길 바라는 마음 때문입니다.

한 그루 한 그루 은행나무를 세다 보면 어느새 다른 나무는 보이지 않고 은행나무만 보입니다. 집중하기 때문에 나타나는 현상이죠. 누군가를 사랑하면 그 사람만 눈에 들어오는 것과 같은 이치랍니다. 그다음에는 은행나무의 특징을 직접 눈으로 확인합니다. 은행나무 줄기는 은빛을 띱니다. 하지만 나무마다 껍질의 색깔은 조금씩 다릅니다. 나무의 크기도 다르고, 뻗은 가지의 모습도 달라요. 같은 은행나무라도 서로 다른 모습을 확인하게 됩니다. 각각의 다른 모습, 바로 '개성'입니다. 우리나라 사람들은 개성을 존중하지 않습니다. 은행나무를 세기 전에는 은행나무의 개성을 인정하지 않아요. 개성은 각각의 생명체가 지닌 절대적인 가치랍니다. 절대적인 가치에 대해서는 어떤 것이 더 좋고 나쁘고를 비교할 수 없어요. 하지만 우리 사회는 어떤가요. 자기 의지와 상관없이 끊임없이 비교당하면서 살아가죠. 이 과정에서 많은 사람들이 주눅 들고 상처 입으며 살아갑니다.

나는 나무를 세면서 남과 비교하지도 않고, 비교 당하지도 않는 자존을 세울 수 있었어요. 그동안 끊임없이 다른 사람과 비교하면서 살았지만, 어떤 나무도 다른 나무와 비교하지 않고 스스로 당당하게 살아가는 모습을 보면서 스스로를 사랑할 수 있었습니다. 그 순간은 정말 가슴이 벅찼어요. 살면서 그토록 가슴 벅찬 순간을 경험한 적이 없었거든요. 학생들도 이런 감정을 느끼길 바랄 뿐입니다. 놀라운 것은 학생들도 은행나무를 세면서 조금씩 이런 사실을 깨닫는다는 것이에요. 그동안 학생들이 제출한 과제 중에 가장 기억에 남는

자신만의 하늘을 가져라

것은 자신이 나무를 세는 모습을 담은 동영상입니다. 이 학생은 친구 도움을 받아 캠퍼스를 거닐며 은행나무 세는 모습과 은행나무 그루 수를 표시한 영상을 제출했어요. 은행나무를 일일이 세지 않고 과제를 제출하는 학생들과는 전혀 다른 모습에 놀랐죠. 나 역시 나무를 세는 영상을 직접 촬영할 생각은 하지 못했으니까요. 이처럼 동기만 부여한다면 얼마든지 창조적으로 학습할 수 있습니다. 그 학생의 보고서는 그동안 내가 생각한 교육 철학이 결코 헛되지 않았다는 믿음을 줬어요. 정말 고마운 학생이죠. 나무처럼 그 학생도 나의 스승입니다.

은행잎은 다른 나무와 달리 아주 특별하게 달려 있습니다. 잎 모양은 마치 오리발처럼 생겼죠. 그래서 중국에서는 은행나무를 잎이 오리발을 닮았다는 뜻으로 '압각수鴨脚樹'라고 불렀습니다. 은행나무 열매를 보면 크기가 살구만 하죠. 그래서 '은빛살구'라고 불렀어요. 은행나무 열매의 은빛은 과육을 벗겨 보면 알아요. 이처럼 은행나무를 관찰하면 이 나무의 이름이 어떻게 탄생했는지를 알 수 있죠. 이것이 공부의 원리를 터득하는 과정입니다.

사계절 나무의
모습을 담다

나무와 만나는 방법의 다른 하나는 '사진 찍기'입니다. 나무를 공부하기 전에는 사진에 관심이 없었어요. 고작 초등학교 때 소풍 가서 사진 찍는 것 외에는 사진 찍을 기회가 없었죠. 책을 준비하면서 사진에 관심을 갖기 시작했습니다. 나무 책에는 반드시 사진이 있어야 했거든요. 그동안 가끔 인물 사진만 찍던 나로서는 나무 사진을 어떻게 찍어야 하는지 알 수 없었어요. 그렇다고 사진 전문가에게 묻거나 학원을 다니며 배울 형편은 아니었습니다. 결국 책에 넣을 사진을 직접 찍으러 다녔습니다. 일단 카메라를 들고 무작정 나무를 찍었습니다. 하지만 사진을 찍는 건 글 쓰는 일보다 어려웠습니다.

자신만의 하늘을 가져라

나무 사진을 찍으면서 나무를 세는 것만큼 값진 경험을 했습니다. 나무 사진을 제대로 찍기 위해서는 1년이라는 작업 기간이 필요합니다. 한 그루의 삶을 정확하게 이해하려면 나무의 사계절을 담아내야 하기 때문이죠. 이처럼 나무 사진을 찍는 일은 기다림의 연속입니다. 그동안 200종이 넘는 나무의 사계절을 카메라에 담았습니다. 꽃이 피면 꽃을 찍고, 잎이 나면 잎을 찍었습니다. 잎이 떨어지면 떨어진 잎을 찍고, 꽃잎이 떨어지면 꽃자루와 땅에 떨어진 꽃을 찍었습니다. 짙게 물든 잎과 나뭇잎의 톱니바퀴 등 사시사철 나무가 살아온 생생한 모습을 순간순간 모두 카메라에 담으려고 노력했습니다.

나 같은 인문학자에게 사진은 매우 낯선 작업입니다. 그래서 사진을 인문학과 연결할 생각조차 하지 못했죠. 그러나 나무에 관한 책을 준비하면서 사진을 찍다 보니 사진이야말로 인문학이라는 것을 알았어요. 기계로서의 카메라만 공학일 뿐, 찍는 행위에는 많은 인문학적 질문이 담겨 있습니다. 피사체를 선정하는 것부터, 피사체의 어떤 모습을 담아낼지, 이 사진을 왜 찍는가에 대해 고민하는 과정이 모두 인문학의 영역인 셈입니다.

요즘에는 책을 쓰기 전에 나무 사진부터 준비합니다. 사진을 찍으면서 얻은 것 중에 하나는 사물을 눈으로 볼 때보다 훨씬 자세하게 볼 수 있다는 사실이에요. 렌즈에 초점을 맞추는 순간 집중해서 바라보기 때문이죠. 아울러 사진을 찍고 나면 시디에 옮기는 작업을 합니다. 시디에 넣을 사진을 정리하면서 그동안 찍은 사진을 다시 살펴보는 기회가 생기거든요.

사진 작업은 한 그루의 나무를 여러 번 볼 수 있는 기회를 주는 동시에 낯선 나무를 익숙하게 만듭니다. 나무를 세고 사진을 찍는 과정을 통해 나무 이름을 훨씬 빨리 익힐 수 있었습니다. 이러한 과정은 나만의 방식대로 낯선 것을 익숙하게 만드는 소중한 경험이었습니다.

이러한 경험으로 나무에 대한 글쓰기를 시도했습니다. 그동안 학술논문만 써온 나로서는 대중적인 글을 쓴다는 게 새롭고 힘든 일이었습니다. 하지만 두려움은 없었어요. 글을 쓰지 않고서는 살아갈 방법이 없었으니까요. 우여곡절 끝에 원고를 마무리한 뒤에도 어느 출판사에 연락을 해야 할지 몰랐죠. 아는 출판사가 한 곳도 없었거든요. 그래서 나무에 관한 책을 출간한 출판사를 뒤져 무작정 원고를 보냈습니다. 두려운 마음으로 원고를 보내고 나니, 얼마 후 두 곳에서 연락이 왔어요. 그때 기분은 정말 날아갈 것 같았습니다. 한 곳에서 출판사 대표가 직접 나를 찾아왔습니다. 한참 동안 얘기를 나누었죠. 그분의 관심은 오로지 "역사학자가 왜 나무에 관심을 가지게 되었는가?" 하는 것이었어요. 나는 진솔하게 그간의 사정을 얘기했죠. 출판사 대표는 내 얘기를 다 듣고는 이렇게 말했습니다.

"분량에 관계없이 자신의 경험을 진솔하게 쓰세요."

　출판사 대표의 얘기는 내가 보낸 원고가 책으로서 가치가 거의 없다는 뜻이었어요. 다른 사람들의 나무 얘기를 정리한 데 그쳤다는 것이죠. 다만 식물학자나 임학자가 아닌 인문학자가 나무를 얘기한 것 외에는 다른 특징이 없다는 것이었습니다. 학점으로 평가하면 C학점이었답니다. 출판사 대표의 가차 없는 평가는 잠시 나를 절망으로 몰아넣었지만, 포기하지는 않았어요. 다른 사람들의 글을 흉내 내지 않고 내가 경험한 내용을 진솔하게 다시 쓰기 시작했습니다. 특히 오랫동안 유교 경전을 읽은 경험을 살려 나무와 성리학의 관계를 구체적으로 정리하면서 글을 만들기 시작했어요. 다시 책 원고를 정리하는 데 무려 1년의 세월이 걸렸습니다. 1년 동안 출판사에서 요구한 내용이 아주 많았거든요. 나는 출판사의 요구를 흔쾌히 수용하면서 끝까지 수정해서 보냈습니다. 탈고한 뒤 출판사 대표는 나에게 이런 얘길 했죠.

　"선생님 원고는 A학점입니다. 그런데 우리 출판사에 원고를 보낸 학자들 중에서 C학점에서 A학점을 받는 경우는 지금까지 없었어요. 대부분은 출판사에서 수정을 요구하면 흔쾌히 수용하지 않을뿐더러 수준을 높이기 위해 노력하지 않기 때문이죠."

출판사 대표의 평가는 오랜 가뭄 끝에 내린 단비처럼 벼랑 끝에 선 나를 구해 주었어요. 그런데 내가 출판사의 요구대로 글을 수정할 수 있었던 것은 자신감 때문이었어요. 만약 출판사 대표가 경험한 대로 진솔하게 써보라고 격려하지 않았다면 그러한 글을 쓸 수 없었을 겁니다. 나는 그 말을 믿고 오로지 내 방식대로 다시 글을 쓰기 시작했어요. 내가 경험한 것을, 내가 잘 아는 분야를 얘기하는 것은 그렇게 어렵지 않거든요. 어쨌든 나에게는 책을 쓰기 이전의 경험이 있었으니까요. 처자식을 먹여 살리기 위해 글로 먹고살 수 있는 곳을 이리저리 찾다가 모 신문사의 모니터링 활동을 한 적이 있어요. 일주일에 다섯 번 이상 신문 내용을 분석해서 200자 원고지 5장 분량의 글을 썼어요. 또한 사이버백과사전을 만드는 작업에 참여하기도 했습니다. 컴퓨터에 익숙하지 않았지만 물불을 가릴 처지가 아니었습니다. 이 작업은 규정에 따라 필요한 항목을 선정하고 내용을 정리해서 탑재하는 방식으로 이루어졌어요. 사이버백과사전을 만들면서 얻은 것이 있다면, 그건 바로 글쓰기 요령이었어요. 사이버백과사전의 모든 항목에는 '개요'라는 게 있습니다. 개요는 글의 요점이자 대표적인 두괄식 글쓰기입니다. 더욱이 사이버백과사전은 모든 내용이 키워드로 구성되어 있어요. 지금도 사이버백과사전의 구성 원리에 따라 글을 씁니다. 학생들에게 논술을 지도할 때도 이런 방식을 강조합니다.

누구나 자신만의 경험이 있습니다. 저 역시 타인의 경험을 좇으려고 노력하기보다 내 경험을 살리는 것이 보다 좋은 결과를 얻을 수 있다는 걸 깨달았습니다.

나무와
인문학자가 만나다

많은 우여곡절과 어려움을 뒤로하고 나온 나의 첫 책이 《어느 인문학자의 나무 세기》였습니다. 이 책을 내면서 대학교 1학년 때부터 즐겨 듣던 요하네스 브람스Johanness Brahms(1833~1897)의 교향곡 제1번 C단조를 생각했어요. 브람스가 교향곡을 만들기까지의 과정이 나와 닮았거든요. 대학에 입학하자마자 고전음악 감상반에 가입했었습니다. 내가 왜 서양 고전음악에 관심을 가지게 되었는지는 아직도 잘 모릅니다. 고전음악을 접한 것은 중학교 시절에 베토벤 교향곡 5번 〈운명〉을 들어 본 것이 전부였거든요. 말 그대로 '운명'이었는지도 모르겠습니다.

하고많은 서양 음악가 중에 브람스에 끌린 것은 나의 성향이 브람스와 무척 닮아 있었기 때문이라고 생각해요. 사람이 누군가를 좋아할 때는 마음이 먼저 끌리기 마련이죠. 평생을 독신으로 지내면서 슈만의 부인 클라라를 흠모했던 브람스의 다소 음울하면서도 과묵한 태도가 좋았습니다. 특히 브람스가 교향곡 제1번을 완성하기까지 21년의 세월이 걸렸다는 얘기는 감동적이었어요. 그가 교향곡 제1번을 작곡하기 시작한 것은 내가 대학 3학년 나이 때인 21세 때였습니다. 그가 교향곡 제1번을 완성하는 데 그토록 오랜 시간이 걸린 것은 베토벤 교향곡에 대한 콤플렉스 때문이었어요. 그는 늘 베토벤의 교향곡을 의식하면서 살았습니다. 그래서 베토벤의 그늘에서 벗어나기 위해 무척 노력했죠. 브람스는 교향곡 제1번을 완성하기 위해 1876년 영국 케임브리지대학에서 명예음악박사 학위를 수여하겠다는 요청조차 거절했습니다. 물론 표면적인 이유는 영어도 잘 못하고 배를 타기 싫다는 것이었죠. 그 결과 브람스의 교향곡 제1번은 독일이 낳은 위대한 '3B(바흐, 베토벤, 브람스)'로 평가받는 데 결정적인 역할을 했습니다. 브람스의 교향곡 제1번은 베토벤 교향곡 제10번으로 불릴 만큼 높이 평가받고 있습니다. 브람스가 교향곡 제1번을 완성했을 때의 나이가 43세였습니다. 내가 첫 책을 출판할 때의 나이는 41세였고요.

나는 힘든 대학생활 가운데서도 고전음악에 심취했습니다. 브람스의 사진을 구하려고 전국을 찾아다니기도 했습니다. 그런데 수염이 덥수룩한 브람스 사진을 대구의 어느 작은 백화점에서 찾았습니다. 순간 허탈했지만 기분은 좋았습니다. 당시에는 LP를 구입할 돈이 없어서 겨우 용돈을 모아 구입한 작은 카세트로 음악을 들었습니다. 겨울방학 때는 오후 5시에 소죽을 끓이면서 KBS FM을 틀어놓고 테이프에 음악을 녹음해서 들었죠. 그렇게 녹음한 테이프가 무척 많았습니다. 하지만 하도 많이 들어서 테이프가 늘어나다 보니 오래 들을 수는 없었죠. 대학원에 들어가서야 용돈을 모아서 LP를 한 장 한 장 사서 모았습니다. 그중에서도 브람스 작품을 가장 많이 구입했죠. 지금은 사용하지 않지만 당시에 구입한 LP를 100여 장 정도 갖고 있습니다. 머지않아 턴테이블을 구입해서 다시 듣고 싶습니다.

지금도 점심을 굶으며 고전음악을 듣던 그때를 떠올리면 눈물이 납니다. 당시 음악대학 소강당에 있는 음악감상실에서 일반 학생들에게 개방했던 음악감상 시간은 점심시간뿐이었거든요. 한편으로는 좋아하는 것에 열정을 쏟았다는 사실이 대견스럽기도 합니다. 나는 브람스의 음악을 들으면서 21년 동안 교향곡 제1번을 가슴에 품고 살았던 브람스의 인내와 열정을 생각했습니다. 자신의 감정을 밖으로 드러내는 데 익숙하지 않았던 브람스처럼, 나도 속내를 드러내는 데 익숙하지 않았습니다. 하지만 브람스는 자신의 음악에 그동안 숨겨둔 감정을 모두 담아냈습니다. 나 역시 첫 책에 그동안의 경험과

자신만의 하늘을 가져라

감정을 모두 담아냈습니다.

책 제목을 보고 사람들은 '인문학자'와 '나무 세기'라는 단어의 조합을 낯설게 느꼈습니다. 프랑스에서는 좋은 책을 평가하는 기준의 하나로 낯설음을 꼽기도 합니다. 작가란 끊임없이 독자를 낯설게 할 때 좋은 평가를 받을 수 있다는 겁니다. 익숙하면 편하기도 하지만 식상하기도 하거든요. 그래서인지 첫 책의 반응은 아주 뜨거웠습니다. 출간과 동시에 신문과 방송국 인터뷰는 물론이고 라디오와 텔레비전 방송에도 출연했으니까요. 내 인생은 첫 책을 출간하면서 완전히 달라졌어요. 조금 과장하자면, 자고 일어나니 스타가 되어 있었다는 말을 실감하게 되었죠. 그럼에도 여전히 내 책에 관심을 갖는 독자들이 있다는 것이 신기합니다. 내가 나무에게서 얻은 삶의 지혜를 들으려고 강연을 요청하기도 합니다. 나는 인문학자가 나무에 관한 책을 쓴다는 것이 어떤 의미인지를 곰곰이 생각합니다. 인문학의 가치가 무엇인가를 생각합니다. 그것은 바로 다양한 삶의 의미와 가치를 실천하는 방법을 독자와 나누는 것이라 생각합니다. 나는 책을 통해 인간이 어떻게 나무와 더불어 살아가야 하는지를 구체적으로 담아내려 합니다. 특히 일상에서 나무와 만나며 얻은 인문학적 지혜를 오래도록 나누고 싶습니다. 나무는 더 높이 오르기 위해 더 깊숙이 뿌리를 내립니다. 앞으로 나아가기 위해 한 번쯤 뒤돌아보는 것은 어떨까요.

2장.

줄기[幹] :
삶의
줄기를 세워라

나무줄기의 색깔을
기억하나요

나무는 뿌리를 만든 후 줄기를 만듭니다. 줄기는 뿌리를 지탱하는 핵심이거든요. 많은 사람들은 나무줄기를 잘 쳐다보지 않습니다. 그래서 줄기 모양이나 색깔을 기억하는 사람들이 많지 않죠. 주로 나무의 잎, 꽃, 열매에만 관심을 갖습니다. 겨울이 되면 대부분의 나무에게서 잎, 꽃, 열매를 찾아볼 수 없습니다. 그러니 겨울나무에 관심을 갖지 않습니다. 잎, 꽃, 열매가 없으니 볼 것이 없다고 생각하죠. 하지만 나무를 잘 보려면 앙상한 겨울나무를 봐야 합니다. 사람도 옷을 걸치고 있으면 몸을 정확하게 볼 수 없지만, 옷을 벗는 순간 몸을 정확하게 보게 되죠. 나무도 마찬가지예요. 나무에게 잎, 꽃, 열매는 사람의 옷과 같습니다. 그래서 나무가 옷을 입고 있는 계절에는 나무줄기를 볼 기회가 많지 않아요. 어쩌면 영원히 나무줄기를 기억하지 못할지도 몰라요. 옷이 몸을 보호하는 수단이듯 나무의 잎, 꽃, 열매도 나무의 성장과 번식을 위한 수단입니다.

나는 나무의 이름과 특징을 기억하기 위해 줄기를 자세하게 봅니다. 줄기를 자세하게 바라보면 나무마다 줄기의 모양과 색깔이 다르다는 것을 알 수 있어요. 인종을 구분할 때도 배이주, 황인종, 흑인종 등 피부의 색깔로 구분하잖아요. 따라서 줄기의 색상을 잘 살피면 나무를 구분할 수 있는 능력이 생겨요.

나무줄기의 색깔로 나무의 종류를 한번 살펴볼까요. 우리나라 사람들이 가장 좋아하는 소나무를 예로 들어 보죠. 우리나라 소나무는 '적송'이라고 불러요. 적송은 줄기가 붉어서 붙은 이름이에요. 그런데 적송은 처음부터 붉은 것은 아닙니다. 묘목을 보면 알 수 있죠. 성장하면서 붉은색으로 변하는 거예요. 그런데 붉은색도 위에서 아래로 내려오면서 붉어져요. 우리나라 소나무를 상징하는 금강송의 줄기도 붉습니다. 붉은색과 반대로 흰색 줄기를 가진 나무는 '백송'이라고 불러요. 백송도 적송처럼 처음부터 흰색이 아니죠. 세월이 지나면서 본색을 드러내는 겁니다. 소나무의 줄기 색깔이 검으면 무슨 나무일까요. '곰솔', 즉 '흑송'입니다. 흑송은 '해송'이라고도 불러요. 해송은 바닷가에 살기 때문에 붙은 이름입니다. 바닷가에 살면

피부가 검어지잖아요. 사람이 바닷바람을 많이 쐬면 피부가 검게 변하는 것과 같은 이치입니다.

줄기는 나무의 본질을 이해하는 데 매우 중요하지만 관찰하지 않으면 오해할 수가 있습니다. 나이에 따라 줄기의 색깔이 바뀌는 경우가 있기 때문입니다. 사람도 나이를 먹으면 피부 색깔이 바뀌어 잘 알아볼 수 없을 때가 있잖아요. 물푸레나뭇과의 이팝나무가 그런 나무죠. 이팝나무는 입하立夏 즈음에 꽃이 핀다고 하여 붙은 이름입니다. 그런데 이 나무는 줄기가 어릴 때는 껍질이 벗겨질 것처럼 너덜너덜하다가 나이가 들수록 매끈하게 변하죠. 그래서 어린 이팝나무만 기억하는 사람들은 나이 든 이팝나무의 줄기를 보면서 마치 성형한 사람을 알아보지 못하는 것처럼 몰라보기도 합니다.

자신만의
색깔 만들기

나무가 어릴 때와 어른으로 성장했을 때 줄기의 색깔을 바꾸는 것은 성장하면서 자신만의 색깔을 만들기 때문입니다. 그래서 나무의 본질을 이해하기 위해서는 나무줄기가 무슨 색깔인지를 아는 게 중요하죠. 그런데 나무가 자신의 색깔을 찾기까지 적잖은 시간이 걸리듯이, 사람도 자신만의 색깔을 만들기까지는 상당한 시간이 필요합니다. 나는 나무가 자신의 색깔을 찾아가는 과정을 보면서 나만의 색깔이 무엇인지 곰곰이 생각했지만 당장 떠오르지 않았습니다. 그만큼 그동안 자신의 색깔에 대해서 고민할 기회가 없었다는 뜻이죠. 나는 거의 40년 만에 나만의 색깔을 찾았지만 결코 늦었다고 생각하지 않아요. 인생은 곧 자신의 색깔을 찾아가는 과정에 지나지 않으니까요. 그러니 자신만의 색깔을 빨리 찾는 것보다 만들어 가는 과정 자체에서 의미를 찾는 것이 중요합니다.

한 존재의 색깔은 곧 정체성입니다. 존재의 정체성은 내면에 갖고 있습니다. 그래서 정체성을 찾는다는 것은 내재하고 있는 것을 드러내는 것이죠. 나는 색깔의 '깔'이라는 단어를 좋아합니다. '깔'은 '어떤 것의 상태나 바탕'이라는 뜻을 더하는 접미사입니다. 하지만 우리나라는 인간의 깔을 인정하지 않는 분위기가 강합니다. 아마도 아주 긴 농업사회를 거치며 그에 기초한 봉건사상이었던 성리학의 영향을 받은 듯합니다. 농업사회는 집단생활을 선호하죠. 그래서 개인의 깔보다는 전체의 깔을 중시합니다. 이 과정에서 개성이 무시당하고, 집단성이 일종의 선善으로 자리 잡습니다.

그러나 지금은 농업사회가 아니잖아요. 개성을 발휘해야 잘 살 수 있는 사회입니다. 그런데 여전히 학교교육 현장에서조차 개성을 잘 인정하지 않습니다. 나는 학창 시절에 선생님이 단체로 벌을 내릴 때가 가장 싫었습니다. 공동체 의식을 강조하려는 교육철학이 담겨 있을지라도 잘못하지 않은 학생에게까지 벌주는 걸 이해할 수 없었죠. 부모님도 간혹 나와 형을 똑같이 나무랄 때가 있었습니다. 형이 잘못한 일을 나에게까지 전가하는 것이 싫었죠. 한번은 형이 아궁이에 불을 지피다가 실수로 초가지붕을 모조리 태운 적이 있었는

데, 그때 형보다 내가 더 야단맞았던 기억이 아직도 생생합니다.

개성을 인정하지 않는 또 다른 사례 중 하나는 바로 언어입니다. 나는 대학 졸업 직전에 방송국 기자와 아나운서 시험에 응시했지만 모두 낙방했습니다. 그 이유 중에 하나가 말투 때문이었어요. 당시에는 표준말을 쓸 줄 몰랐죠. 경남 창녕 출신인 데다가 줄곧 고향에서 자라 표준말을 구사할 줄 몰랐습니다. 하지만 방송국에서는 지금도 표준말을 기준으로 기자와 아나운서를 뽑습니다. 나는 이때부터 '경상도 표준말', 더 나아가 내 고향 '성뉴 첫'녕군 고암 표준말'이라는 용어를 만들었습니다. 경상도 말이라도 지역마다 조금씩 다르거든요. 말투는 한 사람의 정체성을 드러내는 데 매우 중요한 요소입니다. 만약 우리나라 사람들이 한국어를 사용할 수 없다면 어떨까요. 중국의 경우도 지역마다 말투가 다르죠. 제주도에 가면 제주어가 있습니다. 만약 제주도 사람들이 제주어를 사용할 수 없다면 어떤 일이 벌어질까요. 요즘은 입사 면접 때 표준말을 강요하는 사례도 있습니다. 나처럼 서울 출신이 아니면 면접에서 좋은 점수를 받을 수 없겠죠. 얼마나 슬픈 현실입니까. 자신이 오래도록 써온 말을 사용할 수 없는 것만큼 슬픈 일이 있을까요. 일제강점기 때 일본제국주의는 우리말을 사용할 수 없도록 했습니다.

나는 방송에 출연하거나 강연을 할 때에도 결코 서울말을 흉내내지 않습니다. 서울말은 내가 잘할 수 없을뿐더러 그렇게 할 이유

자신만의 하늘을 가져라

도 없기 때문입니다. 특별한 경우를 제외하면 대부분은 지역어를 잘 이해하는 편입니다. 그래서 창녕 고암말로 얘기해도 아무 문제가 없습니다. 혹 청중이 이해할 수 없는 말은 보충해서 설명하면 그만이죠. 학창 시절에는 서울말에 기죽는 때가 있었어요. 그때는 상대방이 내 말을 잘 알아듣지 못했기 때문이죠. 왜 서울 출신이 아닌 사람들은 서울말을 이해해야 하고, 서울 출신은 굳이 다른 지역의 말을 이해하려고 하지 않을까요. 이는 우리나라 사람들이 영어를 악착같이 배우려고 하는 것과 비슷합니다. 언어가 곧 힘이자 권력이기 때문이죠. 근래 들어 많은 외국인들이 한국어를 배우는 것도 국력이 커졌기 때문입니다. 10년 전만 해도 쉽게 볼 수 없던 모습이죠.

자신만의 색깔을 드러내기 위해서는 무엇보다도 절대적인 시간이 필요합니다. 하지만 급한 기질을 가진 우리 교육은 결코 기다려주지 않아요. 뭐든지 빨리 하지 않으면 직성이 풀리지 않는 성향이 단기간에 성장할 수 있는 원동력으로 작용하기는 했습니다. 하지만 이는 선진국으로 가는 데 도움이 되지는 않습니다. 성장은 가능할지 모르나 결국 성숙을 보장할 수는 없기 때문이죠. 인간의 삶도 마찬가지랍니다. 내가 40여 년 만에 나만의 색깔을 드러낼 수 있던 것도 모두 기다림 덕분이거든요. 기다림은 무엇보다도 스스로 만들어야 합니다. 주변 사람들의 도움은 자신의 노력에 비례할 뿐입니다.

부추기지 않아도
그리되는 것

나무가 뿌리를 내려 줄기를 만들기까지는 많은 시간이 걸립니다. 소나무의 경우 뿌리에서 줄기를 만들기까지 5년 정도가 걸립니다. 어린 나무를 보면 애처롭지만 굵은 줄기를 가진 나무를 보면 안기고 싶을 만큼 든든하죠. 그러나 인간이 기대고 싶은 나무 정도로 자라려면 적어도 수십 년의 세월이 필요합니다. 사람도 마찬가지겠죠. 나는 스스로 살아가는 방법을 찾는 데 40여 년이 걸렸습니다. 내가 이토록 긴 시간을 기다릴 수 있던 것은 농사의 원리를 잘 알고 있었기 때문입니다. 농사는 철저히 기다림으로 이루어지거든요. 벼를 심은 뒤 수확하기까지는 120여 일을 기다려야 하고, 보리와 양파와 마늘을 수확하기까지는 7개월가량을 기다려야 합니다. 그런데 이를 기다리지 못해 큰일을 저질러 버린 중국 송나라 농부의 일화는 우리에게 많은 것을 일깨웁니다.

> 모내기를 한 송나라 농부가 싹이 자라지 않는 것을 안타깝게 여겨 그것을 하나씩 뽑아 늘려 주었다. 그는 아무것도 모르고 돌아와서 집안사람들에게 말했다.
> "오늘 나는 매우 피곤하다. 내가 싹이 자라도록 도왔다."
> 아버지의 말을 듣고 그 아들이 가서 보니 싹이 말라 있었다.

위의 글은 '바람직하지 않은 일을 더 심해지도록 부추긴다'는 의미를 지닌 '조장助長'이라는 말의 유래입니다. 맹자가 호연지기를 설명하면서 든 사례죠. 맹자의 지적처럼 세상 사람들 대부분이 송나라 농부처럼 '조장'의 삶을 살고 있는지 모릅니다. 나도 나무를 만나기 전에는 '조장'의 삶에 매우 익숙했죠. 그러나 다행스런 일도 있었어요. 늘 바쁜 농촌에서 산 덕분에 부모님이나 친지들이 내게 거의 관심을 갖지 않았어요. 지금 생각하면 주변 어른들의 무관심이 최소한 나의 삶을 조장하지 않은 여지가 됐다고 생각하니 얼마나 다행인지 모릅니다.

대학원 시절에도 비슷한 일이 있었어요. 지도교수님이 늘 바쁘

셔서 논문 지도를 거의 받지 못했어요. 하지만 글 쓰는 법을 가르쳐 주셨죠. 나는 지도교수님이 준 모범 사례를 가지고 논문의 서론을 구성하는 데만 1년을 보냈습니다. 당시 지도교수님은 나더러 석사과정만 마치고 학문을 그만두라고까지 하셨어요. 내가 능력이 부족하다는 걸 알았던 거죠. 그때는 정말 자존심도 상하고, 교수님 앞에 얼굴을 들고 다닐 수조차 없었어요. 하지만 학문을 그만두고 달리 다른 걸 할 능력조차 없었기에 마지못해 박사과정까지 늘어갔습니다. 박사과정의 지도교수님도 나에게 거의 간섭하시 않았어요.

이처럼 부모님이나 교수님들까지 내게 큰 기대를 하지 않았기 때문에 모두들 무관심했습니다. 하지만 그 덕분에 농사일처럼 스스로 기다리면서 미련하게 공부할 수 있었습니다. 기대하지 않고 무관심한 것이 때론 슬프기도 하겠지만, 좋은 쪽으로 생각하면 다른 사람 눈치 보지 않고 내 의지대로 사는 기회가 되기도 하죠. 역사학자인 내가 나무를 선택할 수 있었던 것도 결국 주변 사람들의 무관심 덕분이었습니다. 나는 오히려 내게 무관심했던 부모님과 스승님께 감사한 마음을 갖고 있습니다. 그들은 중국의 노자가 말한, "하지 않고서도 스스로 그러하다"는 무위자연의 가르침을 준 최고의 스승입니다.

자신만의 하늘을 가져라

줄기차게
산다는 것

나는 '줄기차게'라는 말을 참 좋아합니다. 나무줄기가 힘차게 뻗는 모습이 아름답기 때문이죠. 나무줄기를 타고 놀던 어린 시절을 기억합니다. 마땅한 놀이기구가 없던 시절이라 나무 위에서 자주 놀았습니다. 나무 위에 올라 내려다보는 풍경은 너무도 아름답습니다. 사실 내가 어린 시절에 나무에 올라탄 것은 인류의 기원과도 관련이 있습니다. 인간이 땅 위에서 직립보행하기 전에는 나무 위에서 생활했다는 것이 인류문화학자들의 견해거든요. 그러니 내가 어린 시절 나무 위에서 놀았던 것은 몸속에 그런 유전자가 남아 있기 때문이라고도 볼 수 있죠. 고대사회에서도 부족들이 나무 위에 올라 적을 살

핀 사례는 많습니다. 나무 위가 아니면 높은 곳에서 주변을 살피기가 어려웠겠죠. 일본의 아이누족은 물푸레나뭇과의 들메나무 위에서 적을 살피곤 했습니다. 그래서 아이누족들에게 들메나무는 성스러운 나무죠.

나무 위에서 줄기를 바라보면 아래에서 볼 때와 사뭇 달라요. 나무줄기가 반드시 곧게 자라지는 않습니다. 타고난 유전자에 따라, 혹은 나무가 처한 상황에 따라 곧거나 굽기도 합니다. 또한 줄기는 아래가 굵고 위로 갈수록 가늘어집니다. 세상에서 가장 긴 나무줄기는 몇 미터나 될까요. 세상에서 가장 긴 큰키나무는 120미터 정도이며, 캘리포니아에 살고 있는 '미국삼나무'랍니다. 삼나무는 부모뻘인 낙우송을 닮았으며, 따뜻한 곳을 좋아합니다. 우리나라 남쪽 지역에서도 삼나무를 쉽게 만날 수 있지만, 캘리포니아의 삼나무와 비교하면 나무의 높이가 어린애에 불과하죠.

우리나라에서 가장 긴 큰키나무는 무엇일까요. 경기도 양평군 용문사에 위치한 은행나무입니다. 나무의 높이가 47미터에 달하죠. 전국 어디를 가봐도 30미터가 넘는 나무를 보기란 매우 어렵습니다. 보통 아주 긴 큰키나무로 생각하는 경우라도 20미터를 넘기가 쉽지 않거든요. 식물학에서 큰키나무는 다 자랐을 경우 10미터 이상이 기준입니다.

줄기차게 산다는 것은 그만큼 성장 조건을 잘 갖추어야 한다는 의미이기도 합니다. 그중에서도 기후와 토양이 매우 중요하죠. 이와는 달리 간혹 물불을 가리지 않은 채 성장만을 추구하는 사람들이 있어요. 경쟁을 강조하면서 경쟁만이 살길이라고 생각하면 이런 현상이 일어납니다. 예컨대 중국 초나라 출신의 이사를 통해 이러한 경우를 알 수 있습니다. 사마천의 《사기》 중 〈이사열전〉에 등장하는 이야기입니다.

이사가 어느 날, 곳간의 쥐와 화장실의 쥐를 보게 되었습니다. 그런데 곳간의 쥐는 사람이 들어서도 유유히 곡식을 먹고 있는 반면, 화장실의 쥐는 사람이 문을 열고 들어가자 놀라서 도망을 가더랍니다. 이사는 이를 보고 인간이든 동물이든 환경이 얼마나 중요한가를 깨닫게 됩니다. 같은 쥐인데도 환경에 따라 삶이 다른 것을 보면서 인간의 삶도 이와 같다고 생각합니다. 그래서 이사는 곧장 진시황제의 나라인 진나라로 달려갑니다. 당시 진나라는 가장 강력한 나라였습니다. 이사는 진나라에서 황제 다음으로 높은 재상의 자리까지 올랐습니다.

중국사에서는 이사를 당시의 '출세지상주의' 풍토를 보여주는 상징적인 인물로 평가합니다. 이사는 진시황제가 죽은 후 환관이었던 조고와 함께 유서를 조작하여 진시황제의 장남 부소를 죽이고, 둘째 아들 호해를 황제로 옹립하는 음모에 가담하면서 자신의 욕심을 채웠습니다. 그러나 결국 그는 조고의 음모로 감옥살이 끝에 죽음을 당하죠. 요즘도 이사처럼 출세지상주의에 빠져 살아가는 사람들이 아주 많습니다. 반드시 알아 두어야 할 것이 있습니다. 빠른 성장이 반드시 성숙으로 이어지지는 않습니다.

스스로 치유하는
나무

심리학자들은 어린 시절이었든 학창 시절이든 과거의 상처를 가지고 인간 행동을 분석합니다. 요즘 심각한 사회문제가 되고 있는 폭력도 그런 차원에서 접근할 수 있습니다. 최근 인기 프로그램 중에 '치유의 숲'이라는 것이 있습니다. 숲을 통해 사람의 상처를 치유하는 프로그램이죠. 숲만큼 치유 능력이 뛰어난 것도 없으니까요. 그러다 보니 숲 치유가 큰 인기를 끌고 있습니다. 심지어 숲은 암을 치유하는 기능까지 가지고 있어서 특정 숲을 암에 걸린 사람들이 많이 찾아옵니다. 사람들이 숲을 치유의 장소로 삼는 것은 그만큼 상처가 많다는 것을 의미합니다. 아울러 인간이 치유를 위해 숲을 찾는다는 것은 스스로 치유 능력이 부족하다는 증거이기도 합니다. 그러나 나무는 스스로 상처를 치유합니다. 간혹 사람이 나무를 치유하는 역할을 하지만, 그런 사례는 예외에 해당합니다. 그것은 대개 인간이 그런 나무를 절실하게 필요로 할 때만 벌어지는 일이죠.

나무의 상처 부위는 불룩 솟아 있습니다. 이는 나무가 스스로 치유한 흔적입니다. 나무가 스스로 상처를 치유하지 못하면 줄기가 썩습니다. 사람들이 사는 공간에 있는 큰 나무의 경우는 상처 부위를 메워 주지만, 그 외의 나무들은 썩은 채로 살아가야 합니다. 썩은 부위에 물이 고이면 썩는 속도도 훨씬 빨라지고, 나무의 생명도 짧아지죠. 상처 난 나무는 가까운 산에서 자주 만날 수 있습니다. 그러나 나무는 결코 아프다는 소리를 밖으로 내지 않고 줄기차게 살아요. 청춘만 아픈 것이 아니라 모든 생명체의 삶은 처음부터 아픕니다. 아프지 않은 삶은 없습니다.

나무줄기가 썩으면 그 자리는 다른 생명체의 터전으로 바뀝니다. 나무줄기가 썩어도 역할을 거두지 않는 것이죠. 썩은 나무줄기에는 다양한 생명체가 살지만, 그 가운데 개미에게는 천국이 따로 없습니다. 개미는 나무줄기를 타고 오르락내리락하면서 줄기의 상처 자리를 호텔처럼 즐깁니다. 나무줄기의 개미집은 인간에게 상상력을 제공하기도 합니다. 회화나무의 썩은 줄기에 사는 개미집을 '괴안국槐安國'이라 부릅니다. 이와 관련된 중국 당나라 때의 이야기

자신만의 하늘을 가져라

가 있습니다. 순우분이라는 사람이 술에 취해 낮잠을 자다가 꿈속에서 괴안국의 초청으로 집 마당에 있는 회화나무의 구멍으로 들어가게 됩니다. 그는 그곳에서 왕녀와 결혼하고 남가군의 태수가 되어 부귀영화를 누렸죠. 그러나 왕녀가 죽자 관직을 버리고 고향으로 돌아가려고 하니 마침 꿈에서 깨었다는 겁니다. 둘러보니 자기 집이었다는 거죠. 이상하게 생각한 그가 마당에 내려가 회화나무를 살펴보니 꿈속에서 본 개미집이 정말 있더랍니다. 순우분이 겪은 괴안국의 삶과 부귀영화가 모두 한바탕 꿈이었던 거죠. 이를 '남가일몽' 또는 '일장춘몽'이라고 합니다.

　나는 많은 상처를 안고 있습니다. 그러나 아직까지 그 누구에게도 나의 상처에 대한 고민을 털어놓은 적은 없습니다. 오로지 혼자서 치유했습니다. 스스로 상처를 치유한 것은 상처가 깊지 않아서가 아니라 상처를 반드시 치유의 대상으로 생각하지 않기 때문입니다. 인간은 평생 얼마나 많은 상처를 안고 살아갈까요. 그렇게 많은 상처를 모두 치유할 수 있을까요. 어떻게 해야 치유했다고 말할 수 있을까요. 상처만큼 중요한 것은 치유력일 것입니다. 인간도 나무처럼 정도의 차이는 있겠지만 충분히 치유력을 갖고 있습니다. 무조건 다른 사람들에게 자신의 상처를 내맡긴다면 치유력은 날로 줄어들 것입니다. 반면 스스로 상처를 치유하는 법을 터득하면 어지간한 상처에 동요하지 않을 것입니다.

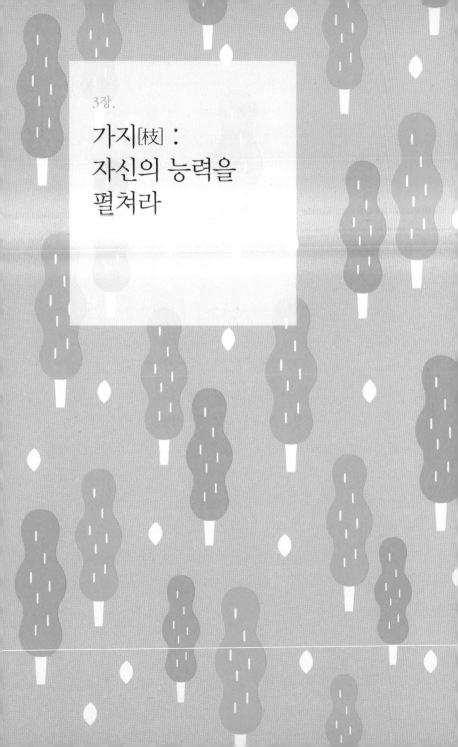

3장.

가지[枝] :
자신의 능력을
펼쳐라

가지는
뻗어야 산다

누구나 타고난 능력을 유감없이 발휘하길 바랍니다. 그러나 현실은 그렇지 않죠. 이런저런 조건들이 능력을 제대로 발휘하기 어렵게 합니다. 대부분의 사람들은 나무를 심을 때에 나무의 특성을 고려하지 않습니다. 길가에 심는 나무든, 정원에 심는 나무든 간에 나무의 특성을 고려하지 않고 심는 경우가 많아요. 나무를 심으려고 할 때에는 심을 장소에서 그 나무가 마음껏 자랄 수 있는지를 충분히 고려해서 심어야 합니다. 하지만 보통은 나무를 빽빽하게 심으려고 하죠. 몇 년이 지나면 그 나무들은 가지를 제대로 뻗지 못할 것입니다. 나무는 그런 환경일지라도 온갖 방법을 찾아 결국 가지를 뻗습니다.

가지[枝] : 자신의 능력을 펼쳐라

다만 그 과정에서 많은 에너지를 낭비하죠.

　나무가 가지를 마음껏 뻗지 못하면 두 가지 문제가 생깁니다. 하나는 햇볕을 마음대로 받지 못하죠. 나무는 햇볕을 받아야 성장할 수 있기 때문에 나무가 가지를 뻗는 일은 매우 중요합니다. 다른 하나는 균형을 잡는 데 어려움을 겪습니다. 나무가 바람에 넘어지는 것도 균형을 잃어버렸기 때문입니다. 사람에게는 저마다의 그릇이 있습니다. 타고난 그릇만큼 능력을 발휘하려면 나무가 가지를 뻗듯 자신의 능력을 펼쳐야 할 필요가 있습니다. 과연 인간은 어떻게 자신의 능력을 펼칠 수 있을까요.

　나무를 공부하면서 주변에서 '외도'라는 얘기를 많이 들었습니다. 역사학자가 나무를 공부하는 것이 다른 사람들 눈에는 외도로 보였던 것이죠. 이는 마치 자신의 전공 분야가 태어나면서부터 정해져 있는 것처럼 여기는 것과 같습니다. 역사학자가 나무를 공부하는 것이 외도라면, 가수가 드라마에 출연하는 것도 외도이고, 학자가 정치인이 되는 것도 외도이고, 스포츠맨이 예능을 하는 것도 외도가 되는 겁니다. 전공은 언제든지 바꿀 수 있습니다. 태어나면서 전공을 선택한 사람은 지구상에 존재하지 않습니다.

　역사학자의 나무에 대한 관심은 나무의 가지처럼 자기 능력을 다양하게 펼치는 것에 지나지 않습니다. 내가 나무에 관심을 가진 것은 임학자나 식물학자가 나무에 관심을 갖는 것과는 성격이 다르

　　　　　　　　　　　　　　　자신만의 하늘을 가져라

기 때문입니다. 나의 학문적 뿌리는 역사학이고, 역사학은 인문학입니다. 나의 나무 공부는 인문학의 확장입니다. 나무는 가지를 뻗어야 살 수 있습니다. 나무는 가지를 뻗음으로써 자신이 가진 능력을 마음껏 펼칩니다.

필요한 가지만
뻗어라

나무를 자세히 보면 제각각 가지의 수와 뻗는 모양이 다릅니다. 느릅나뭇과의 느티나무와 층층나뭇과의 층층나무를 한번 비교해 볼까요. 느티나무의 가지는 서로 엇갈리게 뻗는 반면 층층나무는 수평으로 뻗죠. 두 종류의 나무가 서로 다른 방식으로 가지를 뻗는 것은 그런 방법이 자신의 삶에 보다 유리하기 때문입니다. 사람도 능력을 확장할 때 자신에게 가장 유리한 것을 선택해야겠죠. 나에게는 한문 공부가 그랬습니다. 나의 중등학교 시절에는 농촌과 도시 간에 교육과정이 조금씩 달랐어요. 농촌에서는 도시에서 거의 관심을 갖지 않던 한문을 교육과정으로 두었습니다. 나는 다른 과목보다 한문에 관

자신만의 하늘을 가져라

심이 많아서 늘 좋은 성적을 받았죠. 기억에 남는 것은 일본어 선생님이 한문을 가르쳤다는 점입니다. 농촌의 작은 학교였던 탓에 일본어 교사가 한문까지 가르치는 것이 전혀 이상하지 않았죠. 고등학교 2학년 때는 시험공부가 싫어서 꾀병을 부려 기말고사를 치르지 않았어요. 그런데 한문 선생님이 내 실력을 인정하고는 기말고사 점수를 중간고사 점수와 똑같이 주었답니다. 꾀병이 무척 부끄러우면서도 선생님께서 내 능력을 인정해 준 사실에 감사했죠.

나의 한문에 대한 관심은 중학교로 거슬러 올라갑니다. 중학교 때 한문 교육은 국어시간에 이루어졌습니다. 한문을 공부하는 방법은 오직 외우는 것이었죠. 고등학교 때도 마찬가지였습니다. 아주 작은 옥편 하나를 통째로 외우려고 작정한 적도 있었어요. 그만큼 한자에 관심이 많았던 것이죠. 이는 아버지가 물려준 유산이었습니다. 어릴 적부터 아버지는 농촌에서는 매우 드물게 신문을 구독하셨습니다. 지금도 구순을 바라보는 연세에도 매일 신문을 끝까지 읽습니다. 당시는 신문에 한글과 한자를 함께 사용하는 시대였기 때문에 한자를 모르면 신문을 제대로 읽을 수가 없었습니다. 나는 아버지와 형님들의 도움으로 별 어려움 없이 신문을 읽을 수가 있었습니다.

고등학교 때의 한자 공부는 일본어 공부에도 적잖은 도움을 주었습니다. 대학에 입학하니 도시에서 고등학교를 다닌 동기들 중에 일본어를 외국어로 배운 학생은 거의 없었습니다. 나는 일본어를 배운 죄로 대학 1학년 때 필수였던 독일어(혹은 불어) 학점을 최하로 받아 겨우 통과했죠. 당시 제2외국어 중에는 일본어가 없었습니다. 그러나 한문과 일본어는 내가 농촌에서 고등학교를 졸업한 덕분에 얻은 중요한 자산이었습니다. 이러한 자산이야말로 내가 대학에서 역사를 전공하고, 대학원에서 중국사를 전공할 수 있었던 결정적인 배경이었습니다. 나는 당시 농촌의 종합고등학교를 졸업했기 때문에 교과지식 수준이 도시 학생들보다 낮을 수밖에 없었습니다. 하지만 대학 입학 후 내가 가진 특기인 한문과 일본어를 통해 전공에 몰두할 수 있었죠. 나는 영어와 다른 외국어를 제대로 할 줄 모릅니다. 특히 잘하려고 노력하지도 않았습니다. 왜냐하면 나는 어학 능력이 부족하다는 것을 잘 알았고, 그것을 통해서 능력을 발휘할 수 없다는 것도 잘 알고 있었기 때문이에요.

나는 중등학교 시절부터 한문을 다른 어떤 과목보다 좋아했고, 상대적으로 성적이 좋았죠. 만약 내가 시대의 흐름을 좇아 영어 공부에 몰두했다면 결코 지금의 나를 발견할 수 없었을 것입니다. 결국 특별한 사람들을 제외하면 대부분의 사람들은 한두 가지 정도의 능력을 타고납니다. 그래서 자신이 타고난 것을 잘 발휘할 수 있도록 집중하는 것이 필요합니다. 나무도 꼭 필요한 가지만 뻗을 뿐입니다. 그렇지 않으면 타고난 능력마저 발휘할 기회가 줄어들기 때문이죠.

'할 수 없는 것'과
'하지 않는 것'을
구분하라

나는 독서를 강조하는 편이 아니지만 많은 사람들이 줄기차게 독서의 중요성을 강조합니다. 나도 초등학교 시절부터 독서에 관심이 많았습니다. 친구들과 노는 것만큼 독서에도 흥미를 가지고 있었죠. 왜 그때부터 책읽기를 좋아했는지는 잘 모르지만, 한 가지 분명한 것은 신문을 즐겨 보던 아버지의 영향이 컸다고 생각합니다. 막내인 내가 아버지의 모습과 가장 닮은 것만 봐도 짐작할 수 있어요. 당시 고향 마을에는 우리 집에 책이 가장 많았어요. 맏형이 많은 책을 집에 두고 입대를 했거든요. 도서관이 없던 시절이라 맏형이 구입한 한국문학전집을 비롯한 명작들은 나의 벗이었습니다. 주로 여름방학이나 겨울방학처럼 농한기에 책을 읽었습니다. 여름에는 소에게 풀을 먹이러 근처 산에 오르곤 했는데, 그때마다 종종 책을 가지고 갔습니다. 때론 소를 산에 풀어놓고 친구들과 여름에 맺는 나무열매를 따 먹곤 했죠. 그러고도 남는 시간에는 나무에 올라 책을 읽기도 했습니다.

중등학교 때는 학교 시험이나 대학 입시가 크게 중요하지 않았습니다. 방학 때도 종종 일을 하거나 땔감을 장만하는 일 외에는 특별히 할 일이 없던 시절이죠. 간혹 겨울에는 어른들 몰래 친구나 형들과 화투를 치기도 했지만, 나에게는 독서도 중요한 놀이 중에 하나였습니다. 당시에는 《삼국지연의》와 같은 역사 장편소설이나 문고본으로 된 황순원의 《나무들 비탈에 서다》 등과 같은 한국문학전집을 즐겨 읽었어요. 그 누구도 학교 공부를 강조하지 않았기 때문에 마음껏 책을 읽을 수 있었습니다.

나뭇가지에 걸터앉아 책을 읽은 기억은 지금도 내게 많은 상상력을 불러일으킵니다. 나는 그때 읽은 책의 내용을 거의 기억하지 못합니다. 다만 읽은 책의 제목만 간간이 기억날 뿐이죠. 내가 읽은 책의 내용을 자세하게 얘기해야 할 때는 당황스러울 때도 있지만 크게 개의치 않습니다. 지금도 책을 읽고 난 뒤에 내용을 잘 기억하지 못하는 것을 보면 나는 분명 기억력이 좋지 않은 사람입니다. 그러나 기억력이 좋지 않다고 해서 내가 능력이 부족하다고 생각하지는 않습니다. 기억력이 좋지 않은 대신 이해력과 상상력이 풍부하다고 믿고 있습니다. 나보다 기억력이 좋지만 이해력이나 상상력이 부족한 경우를 많이 봤거든요. 어쩌면 지금 이렇게 글을 쓰는 것도 기억력이 좋지 않아서 가능한 일일지도 몰라요. 기억력이 좋지 않으니 오래 기억해야 할 것들을 글로 남겨 두려는 습관이 있기 때문이죠. 상대방이 가지고 있는 능력을 부러워할 것이 아니라 자신이 가진 능력을 발휘하는 것이 더욱 중요합니다.

　이런 생각은 '할 수 없는 것'과 '하지 않는 것'을 잘 판단해야 한다고 강조한 맹자의 이야기와 통한답니다. 사람들이 할 수 없는 것과 하지 않는 것을 판단할 수만 있다면 살아가면서 겪는 어려움을 적잖이 해소할 수 있을 것입니다. 내가 나무를 선택할 수 있던 것도 할 수 없는 것을 포기했기 때문입니다. 할 수 없는 것을 포기하면 당장 할 수 있는 것을 선택할 기회가 생기기 마련입니다. 맹자의 말대로 만약 맨몸으로 바다를 건너려 한다면, 이는 할 수 없는 일이겠죠. 만약 길을 걸어가는 노인이 넘어지려고 할 때 나뭇가지를 꺾어 주지 않는다면, 이는 하지 않는 일이겠죠. 세상에는 할 수 없는 일을 하려고 하는 사람도 많지만, 분명히 할 수 있는 일인데도 하지 않는 사람도 많습니다. 때론 '도전'이라는 이름으로 할 수 없는 일을 시도하는 사람도 있지만, 조금만 움직이면 할 수 있는 일을 시도조차 하지 않는 사람도 있습니다. 내가 어릴 때 나무에 올라 책을 읽은 일은 누구나 할 수 있는 일입니다.

　어린 시절에 읽은 책의 내용이 지금은 거의 기억나지 않습니다. 하지만 분명한 것은 지금 내가 글을 쓰고 있는 일에 큰 영향을 주었다는 것입니다. 그렇지 않고서는 지금처럼 계속 글을 써서 먹고살수가 없겠죠. 나는 이를 '경험의 확장'이라고 말합니다. 소에게 풀을 먹이면서 얻은 독서의 경험은 내 몸속에 남아 내가 글을 쓰고자 할때 되살아납니다. 몸소 체험하여 알게 된 경험들은 시간이 지나도 몸에 남아 있기 마련입니다. 어린 시절에 익힌 운동 감각이 나이를 먹더라도 완전히 사라지지 않는 것과 같습니다. 어린 시절의 독서는 일종의 종자 같은 것이었어요. 2009년에 경상남도 함안군 성산산성에서 700년 전의 연꽃 씨앗이 발굴되었습니다. 그런데 그 연꽃이 물과 햇볕을 먹고 700년 만에 꽃을 피웠습니다. 지금 함안박물관 앞에서 700년 전의 씨앗으로 태어난 연꽃을 만날 수 있습니다. 이처럼 생명체의 잠재력은 상상을 초월합니다. 사람의 몸도 마찬가지입니다. 당장 할 수 없는 것에 매달리기보다 하지 않은 것을 찾아 시도해보세요. 어쩌면 그 때문에 자기도 모르던 어떤 능력을 발견할 수 있을지도 모릅니다.

진심을
다하는 자세

나는 나무를 공부한 뒤부터 독서보다 글쓰기를 강조합니다. 독서도 중요합니다만, 글쓰기가 더욱 중요하다고 믿습니다. 그 이유는 독서량이 좋은 글쓰기와 비례하지 않기 때문입니다. 독서와 글쓰기에 대한 생각은 독서가 간접 경험이라면 글쓰기는 직접 경험이라는 사실에서 비롯된 것입니다. 직접 경험은 간접 경험에 우선합니다. 직접 경험이 중요한 것은 몸으로 익힌 행동이 상상력을 풍부하게 만들기 때문입니다.

나는 수업 시간에 학생들에게 나무에게 편지를 쓰라는 과제를 냅니다. 요즘 학생들은 편지를 쓸 기회가 거의 없습니다. 스마트폰을 이용한 메시지 교환은 간단한 의사 전달에 불과하죠. 나무에게 편지를 쓰는 과제는 나무를 직접 보면서 진행합니다. 당연히 학생들은 키득키득 웃습니다. 난생 처음 경험한 일이거니와 어린애 취급을 받는다고 생각할지도 모르겠습니다. 하지만 학생들 반응은 신경 쓰지 않습니다. 나중에 이 수업이 좋은 결과를 낳는다는 것을 알고 있기 때문이죠. 학생들은 캠퍼스 곳곳에 자리를 찾아 앉아서 나무에게 편지를 씁니다. 학생들이 쓴 편지 하나를 소개할까 합니다.

안녕 단풍나무야! 네가 우리 집 마당에서 사라지고, 벌써 여름이 다가왔어.
만약 네가 있었다면 지금 초록빛 잎들로 마당을 채워 줬겠지?
가을이면 꽃보다 예쁜 단풍들을 보여 주던 네가,
마당 한편에 항상 자리를 지키던 네가,
너무 커졌단 이유로 뿌리째 뽑혔지.
얼마나 놀라고 아팠니?
네가 사라지고 텅 빈 마당을 볼 때마다,
또 길거리에서 다른 나무들을 볼 때마다 네 생각이 가끔 나.
그래도 아버지께서 텅 빈 마당에 새로 씨앗을 심으셔서 열심히 키우려고 해.
너만큼 크고 건강하게 키울 거야.

자신만의 하늘을 가져라

정말 네가 사라져서 아쉬워.

항상 가을이면 네가 떨어뜨린 단풍잎을 보면서 가을을 느끼고,

가끔은 예쁜 잎을 주워서 말려 보기도 했는데,

올해 가을은 그러지도 못하겠네.

항상 가을이면 널 생각할게.

나중에 우리 집 마당에 너만큼 나무가 자란다면 또 너에게 편지

할게.

안녕! 난 잘 지낼게.

학생들의 편지는 경험이 어떻게 확장되는지를 잘 보여 줍니다. 다른 학생들의 편지도 대체로 이 친구처럼 경험이 큰 역할을 담당하고 있습니다. 나무에게 편지를 쓰는 건 매주 목요일 '나무의 날'에 합니다. '나무의 날'은 내가 나무를 위해 정한 기념일이죠. 세상에 많은 기념일이 있지만, 지금까지 '나무의 날'은 없었습니다. 고작해야 1년에 한 번 식목일이 있을 뿐이죠. 다른 학생이 '나무의 날'에 쓴 편지 하나를 더 소개합니다.

안녕, 이팝아. 너에게 편지를 쓰는 건 처음이야.

친숙해 보이고 싶어서 이팝이라고 불렀는데 괜찮니? 마음에 들

지 모르겠구나.

난 몇 번이나 널 보고 지나갔는데 네 이름을 모르고 있었어.

전통생태문화수업을 들으면서 네 이름이 이팝이라는 것을 알게 되었어.

네 이름을 알게 되었을 때 나는 이런 생각을 했어.

생긴 것도 귀여운데 이름까지 귀엽구나 하고 말이야.

그리고 난 너의 꽃을 매우 좋아한단다.

너희들 하나하나는 매우 작지만 멀리서 보면 다 같이 모여 있는 모습이 크고 아름다워 무척 멋있기 때문이야. 그리고 솜사탕처럼 보이는 것도 너무 좋단다.

부들부들해 보이고 하얗고 이런 부분이 가장 매력적인 것 같아.

그러니 열심히 꽃을 피워 많은 사람들에게 사랑을 받으렴.

좀 더 노력을 해봐.

그리고 다음부터는 인사도 하고 친해지자꾸나. 그럼 안녕.

학생들은 평소에도 늘 나무와 만나지만 나무의 존재를 인식하지 않고 살아갑니다. 그러나 이런 수업을 통해 늘 만나던 나무의 이름을 알면서 자신의 경험에 생명을 불어넣죠. 나무의 이름을 알기 전에는 가치가 없던 경험이 새로운 의미를 갖게 된 것입니다. 이것이 바로 경험의 확장입니다. 경험의 확장은 관찰이라는 필터를 통과해야만 합니다. 관찰을 통한 깨달음이 중요한 이유는 일상에서 얻는 것이기 때문입니다. 깨달음은 결코 특별하거나 거창하지 않습니다. 일상에서조차 깨닫지 못한다면 하루하루가 모여 만드는 인간의 삶 전체에서도 깨닫지 못할 것입니다. 특별하거나 거창한 데서만 깨달음을 찾으려 한다면 얼마나 힘들 것이며, 얼마나 많은 비용이 들까요. 나무는 일상에서 늘 만날 수 있는 존재입니다. 늘 가까운 곳에 존재하지만 대개는 나무가 존재한다는 것조차 의식하지 않고 살아갑니다.

나무에게 편지 쓰기는 내가 학생들에게 부추긴 일종의 '버릇없는 행동'입니다. 학생들은 정말 버릇없어야 하지만, 어른들은 버릇 있는 학생으로 커가길 바라죠. 걸핏하면 요즘 젊은이들이 버릇없다고 핀잔하기도 하죠. 어른들에게 버릇 있는 사람이란 어떤 것일까요. 아마도 점잖고 예의 바른 사람을 뜻하겠죠. 지구상에서 가장 오래된 문명인 메소포타미아 시대의 점토판에는 "요즘 애들은 버릇이 없어"라는 글귀가 있습니다. 어떤 시대이건 젊은이들은 버릇이 없었습니다. 시대를 앞서가야 하는 세대는 결국 버릇없는 존재라고 생각해요. 그간의 오래된 버릇으로 어떻게 새로운 것을 만들 것이며, 새로운 시대를 이끌 수 있겠습니까.

그런 의미에서 나무는 정말 버릇없는 존재입니다. 만약 나무에게 버릇이 있었다면 결코 살아남지 못했을 것입니다. 나무는 매년 새로운 모습으로 살아갑니다. 매년 잎과 꽃과 열매를 맺지만 같은 경우는 없으니까요. 나무가 버릇이 있었다면 결코 사람들에게 존경 받지 못했을 것입니다.

대학 때 입대한 친구에게 편지를 쓴 적이 있습니다. 한지에 붓글씨로 편지를 적어 보냈습니다. 이 같은 행동에 그 친구는 얼마나 당황했을까요. 그 익숙하지 않은 편지는 정말 버릇없었습니다. 그 친구는 지금도 정기적으로 만날 정도로 친하게 지내고 있습니다. 종종 그때의 '버릇없는 편지'에 대한 추억을 늘어놓곤 합니다. 나의 버릇없는 행동이 그 친구에게는 강한 인상을 남긴 것이죠. 친구를 감동시킨 붓글씨는 중학교 때 학교에서 배운 것입니다. 습자지에 붓글씨를 연습하는 수업이 있었습니다. 일주일에 한 번 정도 벼루에 먹을 갈아서 한글과 한자를 썼죠. 먹물이 교복에 튀는 일도 많았습니다. 방학 숙제 중에는 신문지에 한자를 옮겨 쓰는 것도 있었어요. 신문지를 잘라서 한자를 쓴 후 끈으로 묶어서 제출하는 과제였는데, 그때는 참 귀찮았습니다. 그러나 그때의 경험이 친구를 감동시키는 능력으로 작용하게 될 줄은 몰랐죠.

살면서 누군가에게 편지를 쓰고 싶은 마음이 든다면 행복한 사람입니다. 나는 매일매일 나무에게 편지를 씁니다. 매일매일 나무에게 편지를 쓴다는 것은 그만큼 나무를 생각한다는 의미입니다. 혹 주제를 갖고 편지를 쓴다면 글쓰기 연습에 큰 도움이 됩니다. 다양한 장르로 편지를 쓴다면 글쓰기의 효과는 배로 늘어나죠. 나는 가족의 생일 때마다 작은 카드에 편지를 써서 선물합니다. 누군가에게 편지를 쓴다는 것은 자신의 진심을 드러내는 방법이 될 수 있습니다. 진심을 드러내는 훈련이 많을수록 마음은 깊어지고, 마음이 깊어지면 삶도 풍성해집니다.

마주보는
나무

나는 '마주한다'는 표현을 좋아합니다. 서로 눈을 맞추면서 마주할 때만이 상대방과 진정으로 소통할 수 있기 때문입니다. 나무는 혼자서도 마주할 수 있는 존재입니다. 바로 가지 때문이죠. 때로는 나무들도 혼자보다는 집단으로 살아가는 것을 선택합니다. 그래야만 다른 나무와의 경쟁에서 살아남을 수 있으니까요. 소나무는 자신의 영역을 확보하기 위해서 다른 생명체가 잘 살 수 없는 물질을 만들어 뿌립니다. 그래서 소나무 밑에는 다른 생명체들이 거의 살 수가 없습니다.

우리는 누군가 혼자 있는 것을 낯설게 바라봅니다. 심지어 혼자

자신만의 하늘을 가져라

있는 사람을 이상하게 생각합니다. 어떤 사람은 혼자 있는 것 자체를 힘들어합니다. 혼자서는 밥을 못 먹는 사람도 의외로 많습니다. 나무의 경우 암수딴그루는 마주해야 열매를 맺는다는 얘기가 있지만, 실상은 그렇지 않습니다. 암수딴그루인 은행나무는 굳이 마주하지 않아도 열매를 맺습니다.

나무는 혼자 있으니까 외롭지 않을까요? 그런데 외로움은 혼자 있는 것과는 별 상관이 없습니다. 아무리 많은 사람과 함께 있어도 외로울 때가 있으니까요. 나는 어릴 적부터 혼자 있는 것을 좋아했습니다. 동네 친구들과 모여서 놀기도 했지만, 많은 시간을 혼자서 보냈죠. 지금도 잠자는 시간이나 일요일에 가족과 보내는 시간, 학교에서 학생을 가르치는 시간을 제외하면 대부분의 시간을 혼자서 보냅니다. 조용한 연구실에서 홀로 차를 마시면서 보내는 시간이 행복하기 때문입니다. 다른 사람의 방해를 받지 않고 혼자 즐길 수 있는 시간을 좋아합니다. 특히 혼자서 여행을 할 때면 나무와 보낼 수 있는 시간이 많아서 행복합니다. 사람들과 함께 나무를 만나면 사람들과 얘기하느라 나무에 집중하기 어렵습니다. 종종 사람들을 인솔해서 나무를 만나러 가곤 하는데, 나무에 집중하는 사람은 매우 적습니다. 나무를 만나러 와서도 옆 사람과 얘기하고, 심지어 스마트폰에서 눈을 떼지 못합니다. 혼자서 즐기는 '독락獨樂'은 우리나라를 비롯한 중국의 성리학자들이 실천한 덕목이었죠. 조선 시대의 회재

이언적은 경주 안강에 독락당을 짓고 살기도 했습니다.

나무는 은행나무와 주목처럼 암수딴그루도 있지만 대부분 암수한그루입니다. 나무는 그 자체로 여성성과 남성성을 동시에 갖고 있죠. 그래서 혼자 있어도 외롭지 않은지 몰라요. 나무의 이러한 특성은 '중용'이나 '균형'의 정신과 닿아 있습니다. 사람들이 공자, 석가, 예수를 존경하는 이유도 중용과 균형의 정신을 철저하게 실천한 인물들이기 때문이죠. 내가 나무를 통해서 중용과 균형을 강조하는 것은 이 개념이 한 개인은 물론 한 사회의 건강성을 가늠할 수 있는 중요한 기준이기 때문입니다. 균형을 실천하기 위해서는 '신독愼獨'이 필요합니다. 유교 경전인 《대학》에 나오는 '신독'은 '혼자 있을 때 삼간다'는 뜻입니다. 남이 보지 않는 곳에서도 행동을 조심한다는 의미죠. 그런 면에서 나무는 혼자 있어도 늘 삼가면서 살아가는 존재입니다.

나는 자주 나뭇가지 사이로 다른 나무를 봅니다. 나뭇가지가 마주할 수 있는 것은 틈이 존재하기 때문입니다. 틈은 무언가를 받아들이는 간격을 의미합니다. 틈새로 바람이 들어오고, 틈새로 햇볕이 들어오고, 틈새로 또 다른 존재와 마주할 수 있습니다. 그러나 지금 우리들의 삶에는 틈이 아주 부족합니다. 젊은이들의 삶은 더더욱 틈이 없습니다. 하지만 틈을 누가 만들어 주지는 않습니다. 나무는 누구의 도움 없이 가지로 틈을 만들어 냅니다. 많은 이들이 젊은이들의 틈을 걱정합니다. 걱정해야 할 위치에 있는 사람들은 당연히 그래야겠죠. 그러나 궁극적으로 한 존재의 삶은 자신이 책임질 수밖에 없습니다. 우리들의 부모님들 역시 스스로 책임을 졌으니까요. 누구든 자신만의 틈이 필요한 것이지, 똑같은 틈은 의미가 없습니다.

나무는 어떻게 틈을 만들었을까요. 나무는 자신이 가야 할 방향을 알고 있기 때문에 틈을 만들 수 있었습니다. 나무끼리는 아무리 경쟁하더라도 서로 살아갈 수 있는, 즉 햇볕을 받아들일 수 있는 틈을 함께 만듭니다. 그래야만 서로 살아남을 수 있다는 걸 알기 때문이죠. 현대인들에게 틈이 없다는 것은 삶의 방향과 관련된 문제입니다. 어떤 삶을 지향하느냐에 따라 틈이 생기기도 하고 틈이 생기지 않기도 합니다. 시험을 코앞에 둔 수험생이나 면접을 앞둔 취업준비생처럼 인생의 중요한 시기를 보내는 누구든 자신이 살고 있는 공간에서 얼마든지 틈을 만들 수 있습니다. 삶에 틈을 만들 수 있느냐 없느냐 하는 문제는 바쁨의 정도가 아니라 삶에 대한 마음가짐이 결정합니다.

4장

잎[葉] :
받아들이는 자만이
성장할 수 있다

빛을
사랑하는 잎

사랑의 깊이는 받아들이는 능력과 비례합니다. 사랑앓이는 받아들이는 과정에서 겪는 고통입니다. 사랑앓이를 겪는 이유는 상대방이 존재하기 때문입니다. 모든 생명체의 삶에는 타인이 존재하기 마련입니다. 상대와의 관계를 어떻게 설정하느냐가 인생에서 매우 중요합니다.

나는 어머님이 돌아가시기 전까지 부모님의 불화로 엄청난 스트레스에 시달렸습니다. 부모님은 사사건건 의견이 맞지 않아 다투는 시간이 많았죠. 네 형제 중 막내인 나는 농사짓는 부모님 곁에서 일을 도와야만 했습니다. 대학 시절에도 고향에 내려가 일을 돕지 않으면 공부할 수가 없었습니다. 다니던 학교가 고향과 가까운 탓도 있었지만 그렇게라도 부모님을 돕는 것이 효도라고 생각했거든요. 농사일이 힘들었지만 나를 더욱 힘들게 한 건 부모님의 불화였어요. 대부분은 아버지가 과음을 한 탓에 생긴 일이었죠. 술을 무척 좋아했던 아버지는 일을 하다가도 막걸리를 마시곤 했어요. 그러다 저녁 무렵이 되면 술에 취해서 일을 마무리하지 않고 들어오셔서는 횡설수설하셨죠. 어머니는 아버지의 이러한 모습을 참지 못했어요. 똑같이 일을 했는데 아버지만 저렇게 술에 취해 있으니 기분이 좋을 리 없죠. 더욱이 어머니는 늦은 시간까지 일하다가 집에 와서도 저녁을 차려야 했습니다. 그러니 아버지의 그런 행동은 문제가 많았어요. 나는 부모님의 이러한 관계에 노심초사할 수밖에 없었습니다.

물론 부모님의 불화가 아버지의 지나친 음주 때문만은 아니었어요. 아버지는 어머니가 매사에 잔소리를 한다고 생각했어요. 경상도 남자의 자존심을 건드린다고 생각했던 거죠. 부유했던 외가에 대한 콤플렉스도 있었고요. 일하는 성향도 서로 달랐던 게, 어머니가 아주 재빠르게 일을 처리하는 반면 아버지는 그렇지 못했어요. 어머니는 아버지의 느긋한 태도에 불만이 많았습니다. 그럴 때마다 아버지에게 핀잔을 늘어놓으니 아버지도 기분이 좋을 리 없었죠. 근본적으로는 자신의 문제는 인정하지 않고 문제의 원인을 상대방에게만 돌리기 때문에 벌어지는 일이었습니다. 같은 문제가 끊임없이 반복되

자신만의 하늘을 가져라

었습니다. 그래서 고향에 가는 게 늘 두려웠어요. 마음 편하게 지낼 수 없었으니까요. 부모님이 다투는 날에는 혼자 운 적도 많았습니다. 어떻게 하면 부모님이 서로 싸우지 않고 화목하게 지낼 수 있을까 고민하기도 했죠. 결국 두 분의 불화는 서로 싸울 힘조차 없는 나이가 되어서야 끝이 났습니다. 물론 어머니가 돌아가시기 전까지도 완전히 끝나지는 않았어요. 아버지는 어머니가 편찮은데도 살갑게 간호하지 않았어요. 어머니는 그런 아버지가 또 불만이었죠. 하지만 아버지는 아버지대로 최선을 다한다고 생각했습니다. 그래서 반대로 아버지는 어머니가 불만이었어요. 결국 어머니는 평생 아버지를 이해하지 못했고, 아버지도 평생 어머니를 이해하지 못했습니다.

나의 부모님은 자신과 상대방을 받아들이는 능력이 부족했던 분들이었어요. 그런데 세상에는 나의 부모님과 같은 사람들이 적지 않습니다. 세상의 불화도 나의 부모님처럼 서로를 온전히 받아들이지 못해 생기거든요. 좋은 관계를 맺기 위해서는 '생태의식'이 필요합니다. 생태를 의미하는 '에코Eco'는 수평적인 관계를 의미합니다. 수평적인 관계는 상대를 완벽하게 인정할 때에만 가능해요. 나의 부모님은 평생 생태의식을 갖지 못한 채 살았던 셈이죠. 친구와 연인 관계도 상대를 온전히 인정할 때 오랫동안 좋은 관계를 유지할 수 있습니다.

나뭇잎은 햇볕을 온전히 받아들입니다. 나무는 잎이 빛을 받아들인 덕분에 성장할 수가 있죠. 나는 나뭇잎이 햇볕을 받아들이는 것을 사랑이라 생각해요. 햇볕은 그 누구도 차별하지 않죠. 나는 부모님의 불화를 통해서 사랑의 중요성을 깨달았고, 나뭇잎과 햇볕의 관계를 통해서 사랑하는 방법을 배웠어요.

나뭇잎의 크기는 나무의 크기에 비례하지 않습니다. 나뭇잎은 바늘잎과 넓은잎으로 나뉘죠. 잎의 모양에 따라 햇볕을 받는 것도 조금씩 달라요. 햇볕을 많이 받아야 살 수 있는 나무는 넓은잎을 만들 것이고, 그렇지 않은 나무는 바늘잎을 만들겠죠. 나무는 모두 각자의 수준에서 햇볕을 받아 살아가지만, 여건에 따라 햇볕을 제대로 받지 못하는 경우도 있어요. 특히 햇볕을 많이 받지 못하는 나무는 햇볕을 적게 받으면서도 살 방법을 찾죠. 그 덕분에 그런 나무들은 오히려 생존력이 강합니다. 야생의 힘이 생기는 거죠. 그늘에 잘 견디는 그런 나무를 '음수'라 불러요. 우리나라의 경우 참나뭇과의 참나무와 자작나뭇과의 서어나무가 대표적이죠. 현재 우리나라 산에는 이런 나무들이 가장 많아요.

나무가 햇볕을 많이 받는다고 해서 무조건 잘 사는 것은 아닙니다. 서어나무처럼 햇볕을 잘 받지 않아도 강인하게 살아가는 나무도 있어요. 사람도 좋은 조건에서 태어난다고 해서 반드시 훌륭하게 성장하지는 않습니다. 좋지 않는 조건에서도 얼마든지 훌륭하게 성장할 수 있죠. 나는 부모님의 불화를 보며 성장기를 보냈지만 결혼해

자신만의 하늘을 가져라

서는 부부싸움 없이 화목하게 잘 살고 있습니다. 나와 아내가 서로의 특성을 완벽하게 받아들이려고 노력하기 때문이에요. 사람 간의 관계는 어느 한쪽만 받아들인다고 해서 이루어지지 않으니까요. 친구나 부모와의 관계에 문제가 있다면, 당장 자신부터 상대방을 이해하려고 노력해 보세요. 당장 효과가 나타날 겁니다.

연둣빛
잎처럼

봄에 새잎이 나오는 모습을 보면서 새로움의 의미를 생각합니다. 겨울을 이기고 잎이 돋는 순간을 맛본 사람들은 그 모습을 평생 잊을 수 없습니다. 아이가 커가는 모습을 보는 것과 같습니다. 봄꽃을 보려고 떠나는 사람들은 많지만 잎을 보러 떠나는 사람은 아주 드물죠. 특히 봄에 갈잎나무가 만드는 산의 모습은 말로는 표현할 수 없을 만큼 놀랍습니다. 갈잎나무는 제각각 형형색색의 잎을 만듭니다. 봄을 신록의 계절이라고 부르지만, 나는 녹색 이전의 연둣빛 잎을 보기 위해 일찍 길을 나섭니다. 봄의 산은 갈잎나무들이 만드는 연둣빛 잎 때문에 마치 산이 부풀어 오르는 것처럼 보이거든요. 나는

　　　　　　　　자신만의 하늘을 가져라

해마다 봄이 되면 산에서 펼쳐지는 이러한 광경에 황홀경을 느낍니다. 금방이라도 그 안에 들어가고 싶은 충동을 금할 수 없죠. 그러나 한 번도 그 안으로 들어가지는 않았습니다. 들어가는 순간 그 모습을 볼 수 없다는 것을 알기 때문입니다. 때로는 밖에서 바라보는 것이 온전하게 볼 수 있는 경우도 있습니다.

갈잎나무를 좋아하는 이유가 연둣빛 잎 때문이지만, 또 다른 이유가 있습니다. 바로 갈잎나무의 변화와 성실성 때문입니다. 내가 나무를 좋아하는 이유는 나무가 보여 주는 꽃과 잎과 열매만이 아니라 늘 변화하는 모습 때문이기도 합니다. 나무가 늘 변화를 꾀할 수 있는 건 성실한 삶의 태도 덕분입니다. 변화는 모든 존재가 살아가는 데 꼭 필요한 조건입니다. 세상에 변하지 않는 건 없으니까요. 그러나 대부분의 사람들은 자신보다 다른 사람이 먼저 바뀌길 바랍니다. 자신이 먼저 바꾸면 모든 게 바뀐다는 사실을 잊고 사는 거죠. 나무는 언제나 자신이 먼저 변화할 뿐 다른 존재에게 변화를 요구하지 않습니다. 봄철에 만나는 연둣빛 잎들은 나무가 스스로 만든 변화입니다. 그러나 사람이 먼저 변화하려는 태도를 갖지 않으면 나무가 잎을 만드는 모습을 볼 수 없습니다.

나무가 때맞춰 잎을 만드는 것은 우주의 소리를 듣기 때문입니다. 나무는 바람과 땅의 소리를 듣고서야 잎을 만듭니다. 그렇지 않으면 잎을 만들 수도 없을 것이고, 잎을 만들더라도 금세 죽을 수도 있습니다. 하지만 사람들은 상대방에게 귀 기울이기보다 자신의 얘기에만 몰두합니다. 사람도 태어날 때는 먼저 소리를 듣고 말을 하기 시작했습니다. 하지만 성장하면서 듣기보다는 말하는 데 익숙해진 거죠. 나무에 새순이 돋는 소리를 들어 본 적 있나요? 나는 새잎이 돋는 모습과 자주 대면합니다. 줄기나 가지에 돋은 잎을 바라보면 지난날의 고통이 눈에 보입니다. 잎이 자라는 모습을 관찰하면 어린아이가 자라는 것처럼 무척 대견스럽습니다.

나무 중에는 새잎을 만들자마자 인간에게 빼앗기는 나무도 있습니다. 특히 두릅나뭇과의 두릅나무 새순은 돋자마자 사람들에게 빼앗기죠. 차나뭇과의 차나무도 새순을 인간에게 빼앗깁니다. 우리나라에서 가장 귀한 녹차는 곡우차입니다. 곡우차는 24절기 중 하나인 곡우 전에 찻잎을 따서 만든 것을 말합니다. 곡우차의 새순이 품은 향기가 아주 좋습니다. 연둣빛 찻잎이 만들어 내는 향기는 차나무의 정신입니다. 인간은 곡우차와 같은 향기를 어떻게 만들 수 있을까요.

차나무는 잎을 만들어 세상의 모든 이들에게 차를 제공합니다. 특히 중국과 티베트 사람들에게는 없어서는 안 될 생명과도 같은 존재죠. 그들에게 하루라도 차가 없다면 살기 어려울 것입니다. 한국인도 수많은 나무의 희생이 없다면 한순간도 유지할 수 없습니다. 나는 《조선을 구한 신목, 소나무》라는 책을 통해 조선 시대에 소나

자신만의 하늘을 가져라

무가 없었다면 지금의 대한민국은 없었을 것이라고 주장했습니다. 조선의 병선은 모두 100년 이상의 소나무가 없었더라면 만들 수 없었습니다. 아울러 우리나라의 목조건물 대부분이 소나무로 만들어졌습니다.

나는 〈어린이날 노래〉를 아주 좋아합니다. 이 노래는 푸른 숲과 인간의 삶이 어떤 관계인지를 잘 보여 줍니다.

날아라 새들아 푸른 하늘을
달려라 냇물아 푸른 벌판을

오월은 푸르구나 우리들은 자란다
오늘은 어린이날 우리들 세상

우리가 자라면 나라의 일꾼
손잡고 나가자 서로 정답게

오월은 푸르구나 우리들은 자란다
오늘은 어린이날 우리들 세상

5월과 관련해서 한 가지 안타까운 건 '5월은 계절의 여왕'이라는 표현입니다. 계절에는 여왕도 없고, 왕도 없습니다. 모든 계절이 위대할 뿐입니다. 아울러 계절을 평가하면서 특정한 달을 지칭하는 것도 어울리지 않는 표현입니다. 그래서 나는 어떤 계절을 좋아하는지 묻는 사람을 좋아하지 않습니다. 사계절은 서로 비교할 수 없는 각각의 특징이 있기 때문이죠.

연둣빛 잎은 나무가 만들어 내는 최고의 선물입니다. 나무는 처음 잎을 만들면서 일나나 조심소사발까요. 부모가 첫 아이를 낳고 애지중시하듯 날이죠. 그래서 나뭇잎이 돋는 모습은 애틋한 마음으로 바라봐야 합니다. 사람이 마음을 드러낼 때도 그런 애틋함이 필요합니다. 누군가의 몸짓을 애틋한 마음으로 바라볼 때 다른 사람과의 관계도 아름답게 맺을 수 있습니다.

자신만의 하늘을 가져라

잎의 무늬를
보았나요

나무에 큰 관심이 없는 사람들은 자신이 좋아하는 나뭇잎만 기억합니다. 대부분은 단풍잎에 관심이 많죠. 잎은 대부분 푸르지만 처음부터 붉은 잎을 가진 나무도 있습니다. 요즘에는 과학의 발달로 사람이 잎의 색깔마저 조작할 수 있는 세상이 되었죠. 나뭇잎은 나무 이름을 이해하는 중요한 정보입니다. 잎을 강조한 이름 중 가장 대표적인 나무가 플라타너스입니다. 플라타너스는 나무 이름을 정한 학명에 표기되어 있는 라틴어입니다. '잎이 크다'는 뜻이죠. 그러나 우리나라에서는 플라타너스의 잎을 강조하기보다 껍질을 강조해서 '버즘나무'라고 부릅니다. 이 나무의 껍질이 얼굴에 피는 '버짐'을 닮

잎[葉] : 받아들이는 자만이 성장할 수 있다

아서 붙인 이름입니다. 그런데 북한에서는 이 나무를 '방울나무'라고 부릅니다. 방울을 닮은 열매를 강조한 이름이에요. 나뭇잎을 강조한 이름 중 잘 알려진 것은 개잎갈나무입니다. 소나뭇과의 개잎갈나무는 '잎을 갈지 않는다'는 의미를 담고 있습니다. 늘푸른나무는 사실 잎을 갈지 않는다는 뜻을 가지고 있지만, 유독 개잎갈나무만 그렇게 이름을 붙인 것은 문제가 있죠. 더욱이 개잎갈나무를 비롯해 어떤 나무든 잎을 바꿀 수밖에 없거든요. 문제는 1년마다 바꾸느냐 그렇지 않느냐의 차이가 있을 뿐이죠.

나는 나뭇잎 관찰하는 것을 즐깁니다. 잎을 보는 즐거움은 잎의 무늬에 있습니다. 나뭇잎마다 결이 다른 것을 보면 무척 신비롭거든요. 학생들에게도 나뭇잎의 모양을 강조합니다. 나뭇잎의 모양은 그 나무의 정체성을 나타내는 일부이기도 합니다.

나뭇잎의 특징을 잘 관찰하려면 나무와의 거리 조절이 중요합니다. 우선 나무에 가까이 다가가서 나뭇잎을 봅니다. 그러면 나뭇잎의 앞면을 볼 수 있어요. 그러나 나뭇잎의 앞면만이 전부는 아닙니다. 반드시 나뭇잎의 뒷면까지 봐야만 잎의 전체를 볼 수 있죠. 잎의 뒷면을 보기 위해서는 나무줄기와 마주한 후 고개를 들어야 합니다. 사람 키보다 작은 나무는 줄기와 마주하더라도 고개를 들 수가 없겠죠. 그런 나무는 나뭇잎의 뒷면을 보기 위해 몸을 숙여야 합니다.

나뭇잎의 뒷면을 보면 앞면과 다른 점을 느낄 수 있습니다. 햇볕

자신만의 하늘을 가져라

이 목련 잎을 비출 때 뒷면을 보면 잎의 결을 아주 선명하게 볼 수 있습니다. 빛을 받은 목련 잎은 마치 한지를 바른 창문에 빛이 들어오는 것처럼 아름답죠. 목련은 꽃도 아름답지만 잎의 앞면과 뒷면도 꽃만큼 예쁩니다. 참나뭇과의 굴참나무와 상수리나무는 잎이 매우 닮아서 혼동하기 쉽습니다. 나무에 밝은 사람들은 나무의 껍질로 구분하기도 합니다. 나무의 겉껍질과 속껍질 사이의 두꺼운 껍질층을 '코르크'라고 하는데, 줄기의 코르크가 강하면 굴참나무고 그렇지 않으면 상수리나무죠. 그러나 나무가 어릴 경우에는 줄기로 구분하기 어려워요. 두 나무의 열매도 매우 닮아서 구분하기가 어렵긴 마찬가지입니다. 그래서 두 나무를 구분하는 중요한 잣대가 바로 잎 모양입니다. 앞면만 보면 거의 같아서 구분하기 어렵지만 뒷면을 보면 확연하게 다르죠. 상수리나무의 잎은 앞뒤의 색깔이 비슷한 반면 굴참나무의 잎은 앞뒤의 색깔이 다릅니다. 굴참나무 잎의 앞면은 푸른 반면 뒷면은 은색을 띠죠. 버드나뭇과의 은사시나무는 잎의 뒷면이 은색이어서 생긴 이름입니다.

잎[葉] : 받아들이는 자만이 성장할 수 있다

인생도
잎처럼
앞뒤가 있을까요

나는 광고를 즐겨 봅니다. 광고는 세상의 변화를 보여 줄 뿐 아니라 세상을 읽을 수 있는 바로미터입니다. 요즘 광고를 보면, 스마트폰 이나 인터넷, 배달 등 '속도'가 중요한 위치를 차지한다는 것을 알 수 있습니다. 속도는 전진하는 것을 의미하죠. 뒤로 가는 것을 속도에 포함시키지는 않잖아요. 우리의 삶도 예외가 아니에요. 뒤로 가는 것을 용납하는 경우는 많지 않거든요. 무조건 앞으로 나아가길 바라 죠. 사람들은 앞으로 나아가는 것을 '출세'라고 부릅니다. 나 역시 나무를 공부하기 전에는 출세하려고 몸부림쳤습니다. 그러다가 문득 앞으로 가는 것만이 인생이 아니라 뒤로 가는 것도 인생이라는 것을 깨

자신만의 하늘을 가져라

달았죠. 대구 팔공산 파계사에 딸린 성전암에서 그 사실을 알았어요.

성전암은 내가 가장 힘든 시기에 자주 찾아갔던 암자였어요. 불교 신자는 아니지만 조용히 삶에 대해 생각할 수 있는 공간으로 사찰의 암자를 좋아했죠. 집과 그다지 멀지 않아서 쉽게 갈 수 있는 곳이기도 했고요. 당시에는 거의 매일 찾아갔습니다. 암자 앞에 놓인 의자에 앉아 멍하니 소나무 숲을 바라보면서 이런저런 생각을 했어요. 그런데 간혹 내가 앉은 곳 뒤편에 사람들이 보였어요. 사람들 소리에 뒤를 돌아보곤 했죠. 원래 암자 뒤편은 오솔길과 그 아래에 밭이 있었어요. 반년 넘게 암자에 출입하면서도 뒤쪽을 가볼 생각은 하지 않았습니다. 그쪽에는 길이 없다고 생각했거든요.

사람들이 자주 오솔길을 오가는 모습을 본 뒤에야 용기를 내서 그 길을 따라 걸었죠. 오솔길은 겨우 한 사람만 지나다닐 수 있는 폭이었어요. 맞은편에서 사람이 오면 한 사람이 멈춰 비켜서야만 지나갈 수 있는 길이었죠. 밭이 끝나는 지점에서 길이 꺾이고 다시 오솔길이 나왔습니다. 길을 따라 계속 걷다 보니 오솔길은 오르락내리락하면서 걷기조차 쉽지 않았습니다. 끝자락에 도착하니 산등성이가 나왔어요. 그곳에서 다시 오르막과 내리막으로 갈라졌죠. 나는 용기를 내어 내리막길을 선택했어요. 처음에는 두려웠습니다. 한 번도 가본 적 없는 길이었거든요. 하지만 선택한 이상 달리 방법이 없다고 생각하고는 무작정 내려갔습니다. 한참을 내려가다 보니 낯익은

풍경이 나왔어요. 파계사 입구를 알리는 일주문 뒤편의 연못이 나오는 거예요. 암자를 가면서 늘 보았던 연못이 눈앞에 펼쳐지는 순간, 나는 충격을 받았습니다.

세상에는 셀 수 없이 많은 길이 있지만, 나는 그동안 오직 한 길만을 걸었습니다. 세상에 다양한 길이 있다는 사실을 경험하지 못했어요. 앞만 보고 한 길만 걷다가 길이 막혀 방황한 뒤에야 뒤에도 길이 있다는 걸 알았습니다. 오솔길도 길이라는 걸 알았습니다. 고개를 숙이고 나무 사이사이 나가가 고개를 들어야 나뭇잎 뒷면이 보이듯이, 삶도 뒤돌아서 걷다 보면 새로운 길이 생겨납니다. 뒤에도 길이 있다는 것을 아는 순간, 사람들이 걷는 길을 무작정 따르지 않게 되었죠. 뒤돌아 걷다 보니 가장 뒤에 있던 내가 가장 앞에 설 수도 있다는 것을 알았죠. 물론 처음에는 혼자라서 외로울지 몰라도 조금씩 걷다 보면 어느새 길이 생기고 친구도 생기거든요.

어쩌면 애초부터 정해진 길이란 없었는지 모릅니다. 세상의 길이란 누군가가 걸으면서 만들었을 뿐이죠. 그러나 사람들은 길을 만들기보다 남이 만든 길을 따라 걷길 바랍니다. 그게 편하니까요. 그러나 다른 사람이 만든 길은 언젠가 막히는 법입니다. 막히면 어떻게 해야 할까요. 혼자서 길을 걷는 법을 모르는데 어떡해야 할까요. 나는 40여 년 동안 남들이 만든 길을 걷다가 앞이 막혀 혼자 길을 걷게 되었어요. 암자에 앉아 아무리 생각해도 길이 보이지 않아 울

자신만의 하늘을 가져라

기도 많이 울었습니다. 막막했으니까요. 언젠가 암자에 앉아 비를 맞으면서 막막했던 삶에 한 줄기 빛을 찾았죠. 가만히 비를 맞으며 나무를 바라보는데, 나무는 그저 비를 맞고 있을 뿐이더라고요. 비를 피하려고 하지 않았어요. 바람도 피하지 않았죠. 나는 그동안 조금 힘들다고 생각하면 일단 피했거든요. 계속 피하다 보니 나중에는 갈 곳이 없었습니다. 더 이상 피하지 않기로 작정하고 비를 맞고 앉아 있는데, 이상하게 마음이 편했어요. 불안하지 않았죠. 오로지 내가 걷는 길만이 아름답다는 생각을 하고 나니, 비에 젖은 나 자신이 결코 초라하지 않았습니다. 당당히 암자를 내려왔죠. 그 어느 때보다 오솔길을 큰 길처럼 여기면서 가벼운 발걸음으로요. 나는 그날, 인생에서 가장 행복한 순간을 맛보았어요.

잎이 만든 그림자를
안아 보았나요

나는 그림자를 좋아합니다. 어릴 적, 손 모양으로 형체를 만드는 그림자놀이가 무척 즐거웠거든요. 〈그림자〉라는 라디오 드라마도 기억납니다. 그림자라는 단어를 생각하면 스승의 그림자는 밟지 않는다는 어른들의 말씀도 기억납니다. 나는 학생들에게 스승의 그림자를 밟지 않는 방법을 일러줍니다. 바로 스승보다 먼저 가는 것입니다. 스승의 그림자를 밟지 말라는 말은 스승에 대한 존경의 뜻도 있지만, 스승을 무조건 따라야 한다는 봉건시대의 관습도 담겨 있습니다. 우리는 흔히 '청출어람'이라고 말하면서도 제자가 스승을 뛰어넘는다는 것을 꺼리기도 합니다. 지연과 학연이 강해서 스승에 대한

자신만의 하늘을 가져라

건전한 비판조차 발붙이기 어렵습니다. 만약 내가 사제 관계가 분명한 학문적 풍토에서 공부했다면 결코 나무를 학문으로 삼을 수 없었을 것입니다.

나무는 사람에 비해서 아주 강한 그림자를 만듭니다. 나무마다 그림자의 폭은 무척 다릅니다. 나무의 그림자는 가지와 잎의 상태에 따라 다르지만 무엇보다도 잎의 크기와 양에 따라 다릅니다. 우리 주변에서 그림자를 가장 짙게 만드는 나무는 느티나무입니다. 잎도 크고 가지도 많기 때문입니다. 동네 어귀마다 느티나무를 심어서 마을 사람들이 쉴 수 있도록 정자를 만들곤 했습니다. 나무 정자는 마을 사람들을 모이게 하는 힘이 있습니다. 마을 사람들은 느티나무 아래에 모여 더위를 피하기도 하고, 낮잠을 자기도 하고, 중요한 일을 결정하기도 합니다.

나무가 만든 그림자는 사람을 품습니다. 하지만 사람은 나무가 만든 그림자를 안지 못합니다. 사람도 그림자를 만들지만 다른 존재를 품지는 못합니다. 나무는 햇볕을 받아 그림자를 만들고, 사람은 햇볕을 피해 나무가 만든 그림자로 들어갑니다. 나무는 그림자를 만들고, 사람은 나무가 만든 그림자 속으로 들어갑니다.

나무의 그림자처럼 누군가에게 그늘이 된다는 것은 위대한 일입니다. 한평생 살면서 누군가에게 조그마한 그늘로 남을 수 있다면 얼마나 행복할까요. 세상은 곳곳에서 묵묵히 살아가는 사람들의 정성으로 움직입니다. 나는 사람들의 그런 정성을 나무의 그림자로 여깁니다. 산책하다가 혹은 산길을 걷다가 나뭇잎 하나라도 함부로 따서는 안 됩니다. 나뭇잎 하나가 만드는 그늘이 누군가에게는 매우 중요한 것일 수 있습니다. 언젠가 학생들과 야외 수업을 하다가 바람에 떨어진 벚나무 잎을 주워 연구실로 가져왔습니다. 작은 가지에 버찌가 4개나 달려 있었습니다. 잎 몇 개는 가위로 잘라서 책갈피로 넣어 두고, 나머지는 책상 앞 액자에 걸어 두었습니다. 떨어진 잎과 열매가 시간이 지나면 이렇게 변하는지 관찰하려고 했지만, 떨어진 잎이 안타까워서 견딜 수가 없었습니다. 하지만 액자에 매단 잎은 형광등 불빛에도 그림자를 만들지 못했습니다. 나도 떨어진 잎 같은 존재일까 두려웠습니다.

나무를 만난 후 간혹 나의 그림자를 나무 곁에 두고 싶다는 생각을 합니다. 나무와 함께 밤을 지새우고 싶습니다. 그러면 혹 나무가 사는 법을 진정으로 알 수 있을지도 모른다고 생각했습니다. 내가 나무에게 그림자를 맡기고 싶은 것은 일종의 헌신입니다. 살면서 무언가에 헌신할 수 있다는 것은 그만큼 열정이 많다는 의미입니다. 열정이 없다면 자신의 몸에 가득한 능력을 드러낼 수 없습니다. 나무에 대한 깊은 사랑은 기꺼이 나를 헌신하게 만듭니다. 그동안 나무에 헌신한 사람들은 많았습니다. 평생 나무를 치료하고 나무를 심는 데 헌신한 사람들도 적지 않습니다. 우리는 그런 분들의 노력 덕

자신만의 하늘을 가져라

분에 나무 그림자에 들어가 쉴 수 있습니다. 나는 나무를 사랑하는 법을 새롭게 정립한 사람으로 남고 싶습니다. 그래서 사람들이 나무와 더불어 즐겁게 살아갈 수 있길 바랍니다. 무언가에 대해 열정을 갖게 된다면 그때는 주저 없이 헌신해 보세요. 여러분이 가지고 있는 능력이 드러나게 될 것입니다.

떨어진 잎은
어디로 갈까요

요즘은 나뭇잎을 책 속에 넣어 말리는 사람이 드물지만, 편지로 소통하던 시절에는 흔한 일이었죠. 나는 요즘도 가을에 잎이 떨어지면 어김없이 주워 책 속에 넣습니다. 먼저 주운 잎을 그대로 연구실로 가져와 물에 깨끗이 씻어 말립니다. 먼지를 털어야 아주 멋지게 마르거든요. 지금도 연구실에는 말린 중국단풍 잎과 마로니에 잎이 걸려 있습니다. 가끔은 그렇게 말린 나뭇잎을 선물하기도 합니다. 수업이 끝날 무렵 학생 모두에게 한 잎씩 선물하기도 합니다. 학생들에게는 낯선 풍경일 겁니다. 하지만 반응은 좋습니다. 그런 선물을 받아 본 적이 없을 테니까요.

많은 사람들이 가을이 되면 단풍을 구경하러 나섭니다. 나 역시 단풍을 즐깁니다. 그러나 대부분 단풍이 바람에 날려가는 것에는 관심을 두지 않습니다. 낙엽은 어디로 갈까요. 나무는 자신이 만든 낙엽을 어떻게 바라볼까요. 나는 낙엽이 바람에 날려 물가에 떨어진 장면을 즐깁니다. 때론 낙엽을 주워 물에 띄우기도 합니다. 낙엽이 바람에 날려 물가에 쌓이는 장면을 보았는지요.

나는 낙엽이 어디로 가는지 궁금해서 길을 떠납니다. 그중에서도 경상북도 예천군에 위치한 선몽대의 은단풍나무 잎들이 내성천의 모래밭에 앉아 있는 모습에 감동합니다. 선몽대는 신선들이 놀았다는 이름처럼 정말 아름다운 곳입니다. 선몽대 입구 내성천가에 살고 있는 은단풍나무가 바람에 날리는 모습은 더욱 아름답습니다. 노란빛으로 물든 은단풍 잎들이 내성천 모래밭에 떨어지면 내성천은 은빛모래에 노란 은단풍 잎으로 물들어 세상에서 가장 아름다운 곳이 됩니다. 내성천의 모래밭은 우리나라에서도 가장 아름다운 명소로 꼽히지만, 은단풍 잎이 떨어지는 가을에는 더욱 빛납니다. 나는 나뭇잎이 물드는 가을이 아름다운 이유를 다음과 같이 노래합니다.

가을이 아름다운 이유

가을이 아름다운 것은

곱게 물든 이파리 때문이 아니라
나무가 치열하게 살았기 때문입니다.

가을이 아름다운 것은
나무가 치열하게 살았기 때문이 아니라
나무를 보는 사람이 치열하게 살았기 때문입니다.

가을이 아름다운 것은
보는 사람이 치열하게 살았기 때문이 아니라
아름다움이 슬픔임을 알기 때문입니다.

가을이 아름다운 것은
아름다움이 슬픔임을 알기 때문이 아니라
슬픔이 사랑임을 알기 때문입니다,

가을이 아름다운 것은
슬픔이 사랑임을 알기 때문이 아니라
사랑이 아픔임을 알기 때문입니다.

가을이 아름다운 것은

사랑이 아픔임을 알기 때문이 아니라
사랑이 아름답기 때문입니다.

　나무가 때맞춰 잎을 떨어뜨리는 이유 중에 하나는 바람 때문인
지도 모릅니다. 바람이 부는데도 잎이 떨어지지 않는다면 바람이 얼
마나 무안할까요. 잎은 바람이 불어야 떨어지니까요. 바람도 불지
않는데 잎이 떨어지면 바람은 무슨 낯으로 나무를 만날 수 있을까
요. 잎은 우주의 무게로 떨어집니다. 잎이 바람에 날린다고 해서 가
볍다고 생각하는 건 착각일 수 있습니다. 이 세상에는 가벼운 것도
무거운 것도 없으니까요. 가볍다는 것은 우리의 기준일 뿐입니다.
나뭇잎은 나뭇잎대로 무게를 갖고 있고, 사람은 사람대로 무게를 갖
고 있을 뿐입니다. 나뭇잎을 손가락으로 집을 수 있다고 해서 나뭇
잎이 가볍다는 건 우리의 생각일 뿐입니다. 나뭇잎은 나뭇잎만큼의
무게를 가지고 있을 뿐입니다.

　내가 낙엽을 찾아가는 것은 잎을 이불 삼아 살아가는 물고기들
의 삶이 궁금한 탓도 있지만, 한 존재의 끝이 어디인지 보고 싶기 때
문이기도 합니다. 사물을 끝까지 보는 습관은 매우 중요합니다. 사
람을 판단할 때도 한쪽 면만 본다면 제대로 볼 수 없는 것처럼 말이
죠. 나뭇잎은 떨어지는 것으로 끝나지 않습니다. 떨어지고 난 뒤에
도 끊임없이 다른 존재들과 관계를 맺죠. 그러니 떨어진다고 끝난

것이 아닙니다. 떨어지는 순간 새로운 길이 열립니다. 낙엽 따라 가는 길은 곧 자신의 끝을 보는 과정입니다. 끝까지 보는 지점에서 새로운 길이 시작됩니다. 잎이 떨어져야만 새잎이 돋아나듯 말이죠.

5장.

꽃[華] :
모든 생명체의 삶은
아름답다

'꽃보다'가 아닌
'꽃처럼'

우리 사회의 가장 큰 폐해는 절대적인 가치를 상대적인 가치로 낮추는 풍토입니다. 나는 우리나라를 '~처럼 사회'가 아니라 '~보다 사회'로 평가합니다. '~처럼 사회'는 평등한 사회를, '~보다 사회'는 불평등한 사회를 의미합니다. 물론 지구상의 어떤 사회도 완전히 평등한 사회는 없습니다만, 우리나라는 불평등한 구조가 매우 심각합니다. 나는 이러한 현상을 사람들이 식물을 표현하는 말에서 발견합니다. 그러한 사례 가운데 하나가 2009년에 방영한 〈꽃보다 남자〉라는 드라마입니다. 마침 이 드라마가 내가 일하는 곳에서 촬영한 작품이라 관심이 많았지만, 제목을 보는 순간 기분이 확 상했습니다.

꽃[華] : 모든 생명체의 삶은 아름답다

나 같은 중년 남자들이 노래방에서 자주 부르는 〈사람이 꽃보다 아름다워〉라는 노래도 좋아하지 않는 제목입니다. 두 사례는 사람을 꽃과 비교해서 사람이 꽃보다 우월하다는 것을 드러내는 것 같거든요. 하지만 과연 사람이 꽃보다 아름답다고 말할 수 있을까요. 사람과 꽃은 서로 다른 가치를 지녔기 때문에 비교할 수 없습니다. 비교할 수 없는 것을 비교하는 것만큼 어리석은 일도 없죠. 만약 '꽃처럼 남자', '사람이 꽃처럼 아름다워'로 바꾸면 큰일이라도 날까요? 드라마와 노래가 이전처럼 성공하시 못했을끼요? 왜 사람은 무의식적으로 다른 존재를 무시해도 된다고 생각할까요. 지나치게 예민하다고 여길지 모르겠지만, 이런 문제에 대해서는 끝없이 예민하고 싶습니다.

우리나라 사람들은 꽃을 정말 좋아하나 봅니다. 그래서 나무도 '꽃나무'라 부르기도 하죠. 그러나 이 세상에 꽃나무란 존재하지 않습니다. 나무와 풀에 피는 꽃을 보면서도 화려한 꽃을 피우는 나무만 눈에 들어오는 거죠. 그래서 그런 나무를 꽃나무라 부르는 겁니다. 나무를 꽃으로 이해하는 것은 사람을 팔과 다리로 나눠 부르는 것과 다를 바 없습니다. 꽃나무라는 개념은 우리들이 존재 자체를 온전히 인정하지 않는 풍토를 반영합니다.

봄이 되면 아파트 관리실에서 화단에 '꽃을 심는다'는 방송을 할 때가 있어요. 그 방송을 듣고 깜짝 놀랐습니다. 이 세상에 어떤 능력자가 꽃을 심을 수 있을까요. 씨앗을 심을 수는 있어도 꽃을 심을 수

자신만의 하늘을 가져라

는 없습니다. 심는 것은 나무와 풀이지만 식물에 대한 이해가 없다 보니 해괴한 발상으로 나같이 심장 약한 사람을 경악하게 만듭니다. 식물에 대한 가장 심각한 오해는 식물을 살아 있는 존재로 보지 않고 마치 죽은 존재로 파악한다는 거죠. 사람들이 '식물인간'이니 '식물국회'라고 부르는 것도 인간의 오만을 드러내는 말입니다. 엄연히 현실에 존재하는데도 누군가에 의해 존재 자체를 부정당하는 것만큼 가슴 아픈 일이 있을까요.

전통시대 중국은 주변 국가를 '오랑캐'라고 불렀습니다. 당시 중국은 주변 국가의 실체를 전혀 인정하지 않았죠. 그래서 중국은 동쪽의 오랑캐를 '이夷', 서쪽의 오랑캐를 '융戎', 남쪽의 오랑캐를 '만蠻', 북쪽의 오랑캐를 '적狄'이라 이름 붙였습니다. 우리나라는 동쪽의 오랑캐, 즉 동이족이었죠. 그런데 오랑캐를 의미하는 '이'는 '없다'는 뜻을 담고 있습니다. 중국은 실존하는 우리 민족을 근본적으로 부정했던 것이죠. 우리나라 사람들이 식물인간 혹은 식물국회로 부르는 것도 중국이 주변 국가를 오랑캐로 불렀던 생각과 크게 다르지 않아요. 나의 이러한 생각에 동의하지 않을 수도 있습니다. 말 못하는 식물과 인간을 어떻게 똑같은 존재로 파악할 수 있는지 물을지도 모르겠습니다. 하지만 식물도 감각을 가진 생명체라는 것을 분명히 말하고 싶습니다. 조금만 관심을 가지면 우리가 모르는 식물의 세계가 얼마나 놀라운지 알 수 있습니다.

많은 사람들은 주로 개화開化를 좋아합니다. 하지만 오히려 나는 낙화落花를 좋아합니다. 얼마 전에 지인과 식사를 하면서 주말에 낙화 뒤의 벗나무를 만나러 갔다고 하니까, 농담 반 진담 반으로 다음과 같이 말했습니다.

"꽃이 진 벗나무를 왜 보러 갑니까?"

내가 간 곳은 팔공산에서 아주 유명한 벗나무 숲길이죠. 벗꽃이 만개하면 발 디딜 틈이 없을 만큼 관광객이 많이 찾습니다. 벗꽃이 피는 계절에는 길이 막혀 차를 몰고 갈 수도 없는 곳이죠. 그래서 오히려 팔공산 벗나무 숲길의 낙화를 보러 갔거든요. 그분에게 이렇게 대답했어요.

"꽃이 진 뒤의 붉은 꽃자루도 꽃처럼 아름답습니다. 땅에 떨어진 꽃잎을 바라보면 황홀하죠."

사람마다 얼굴이 다르듯이 나무마다 꽃 모양도 다릅니다. 꽃 모양은 나무의 중요한 정보를 담고 있습니다. 장미과 나무는 겹꽃을 제외하면 꽃잎이 모두 다섯 장입니다. 예컨대 우리나라 사람들이 봄에 가장 즐기는 벗꽃은 잎이 다섯 장이죠. 벗나무 중에서도 꽃이 아

자신만의 하늘을 가져라

주 풍성하고 화려한 왕벚나무의 인기가 대단합니다. 대부분은 벚나무를 '벚꽃나무'라고 부르지만, 벚꽃나무란 없습니다. 우리 주변에서 흔히 만날 수 있는 꽃잎이 다섯 장인 나무에는 벚나무와 같은 장미과의 살구나무, 복사나무, 앵도나무, 자두나무, 배나무, 사과나무, 모과나무, 조팝나무, 명자나무, 귀룽나무 등이 있습니다.

우리는 봄철 장미과 나무들이 피운 다섯 장의 꽃잎 때문에 '꽃비'를 맞을 수 있습니다. 떨어지는 꽃잎을 손으로 잡으면 사랑이 이루어진다고도 믿죠. 꽃비를 맞으면서 즐거운 봄날을 보내다가 꽃이 지고 나면 얼굴을 싹 바꿔 '꽃보다'를 외친다면 정말 철면피한 것 아닐까요. 공자는 인간의 이런 이중적인 모습을 가장 경계했습니다. 《논어》에는 공자가 가장 싫어한 "교묘한 말로 얼굴색을 바꾸면 인을 실천하기 어렵다"는 교언영색巧言令色이라는 말이 두 번 등장합니다. 공자가 춘추 말 시대 사람들의 말 바꾸기에 얼마나 진저리가 났으면 같은 말을 두 번씩이나 했을까요.

꽃이 피면 벌과 새들이 꿀을 먹는 대신 꽃가루를 묻혀 수정을 돕습니다. 나무는 태어나서 한 번도 사람을 위해서 꽃을 피우지 않았지만, 사람은 나무가 마치 자신을 위해서 꽃을 피운 것처럼 착각합니다. 대부분의 나무는 꽃을 열흘 이상 피우지 않습니다. 왜냐하면 수정 기간이 그렇게 길지 않기 때문이죠. 그런데 꽃잎이 떨어진 뒤의 꽃자루도 꽃만큼 아름답습니다. 야외 수업시간에는 꼭 벚꽃의 꽃자루를 보러 갑니다. 꽃만 즐겼던 학생들이 꽃자루가 있다는 사실과 꽃자루가 붉다는 점을 확인하는 순간, 벚나무에 대한 생각도 조금 바뀝니다. 학생들에게 꽃자루를 보여 주는 것은 벚나무가 어떻게 살아가는지 그 과정을 알려 주고 싶어서입니다. 벚나무는 단순히 화려한 꽃을 피우는 존재가 아닙니다. 화려한 꽃은 삶의 한 과정일 뿐입니다. 모든 방송 매체는 벚꽃이 피는 계절에 벚꽃 명소를 찾아 보여 주기 바쁩니다. 하지만 벚꽃이 진 뒤의 모습을 보여 주지는 않습니다. 누구에게나 화려한 날이 있습니다. 하지만 삶은 화려하지만은 않은 더 많은 일상으로 이루어집니다. 그렇다면 우리가 더욱 관심을 가져야 하는 것은 소소한 일상이 아닐까요. 나무가 꽃을 피운 순간뿐 아니라 꽃이 진 모습도 보려는 것은 나무의 일상을 보고 싶기 때문입니다. 나무의 일상을 보지 않고서는 나무의 삶을 온전히 이해할 수 없기 때문이죠.

나는 나처럼 삽니다. 나무가 나무만의 방식대로 살듯이, 나도 나만의 방식대로 살고 싶습니다. 나처럼 산다는 것은 진정 자신을 사랑하면서 산다는 뜻입니다. 나무가 다른 존재의 삶을 흉내 내지 않듯이, 나도 남의 삶을 흉내 내지 않고 오로지 내 방식대로 살아야 행복합니다. 그렇다면 누군가의 비교에도 흔들림 없이 살아갈 수 있습니다.

잎보다
꽃이
먼저 피는 나무

잎보다 꽃이 먼저 피는 나무는 열매를 먼저 맺겠다는 강한 의지를 갖고 있습니다. 봄에 만나는 화려한 꽃은 대부분 잎보다 먼저 피죠. 양력 1월을 기준으로 내가 사는 대구에서 가장 먼저 피는 꽃은 매실나무 꽃, 즉 매화입니다. 특히 매화는 추위 속에서도 꽃이 피기 때문에 사군자의 하나로 불립니다. 조선 시대 선비들은 "매화는 평생 추위 속에 살아도 향기를 팔지 않는다"는 구절을 떠올리면서 자신들이 살고 있는 뜰에 매실나무를 심어 매화의 모습을 닮고 싶어 했습니다. 중국 북송 시대의 임포와 조선의 퇴계 이황은 유난히 매화를 사랑한 사람으로 잘 알려져 있습니다. 하지만 그들도 오로지 꽃만 칭

송했을 뿐, 잎이나 열매를 극찬한 경우는 찾아볼 수 없습니다. 나의 관점에서는 나무의 한 부분만 사랑한 데 불과합니다.

행화, 즉 살구꽃은 내가 사는 곳에서는 매화보다 조금 늦게 핍니다. 살구나무는 매실나무와 형제입니다. 꽃도 거의 같은 시기에 피고, 열매의 모양도 매실과 거의 비슷합니다. 그런데 매화에 비해 살구꽃은 사람들의 관심을 받지 못합니다. 매화와 살구꽃은 잘 관찰하지 않으면 구분하기 어려울 만큼 비슷합니다. 조선 시대 선비들이 살구꽃을 좋아하지 않았던 것은 아름다움에 내한 일종의 편견이지만, 향기와 순백의 색깔, 그리고 추위 속에서 꽃을 피우면서도 단정한 꽃잎을 가진 매화의 장점에 마음을 빼앗겼기 때문입니다. 살구꽃은 매화에 비하면 향기가 거의 없는 데다 추위가 지난 뒤에 피면서도 꽃잎이 매화에 비해 덜 단정합니다. 아마도 공자가 제자를 가르친 '행단'의 특별한 나무임에도 조선의 선비들이 살구꽃을 가까이하지 않은 것은 매화에 대한 지나친 사랑이 낳은 참극인지도 모릅니다.

매화와 살구꽃이 흰색을 대표한다면, 생강나무와 산수유, 개나리는 노란색을 대표하는 꽃이죠. 잎보다 먼저 피는 세 종류의 꽃 중에서도 가장 인기 있는 것은 층층나뭇과의 산수유 꽃입니다. 전남 구례군 산동면과 경북 의성군 사곡면은 산수유 꽃 축제로 유명한 곳입니다. 두 지역에 산수유 꽃이 피면 관광객으로 인산인해를 이룹니다. 그러나 정작 축제 장소에 가보면 산수유를 구경하는 사람보다

자신만의 하늘을 가져라

노래자랑에 관심을 갖는 사람들이 많습니다. 우리나라의 축제 문화는 대체로 산수유 축제와 비슷합니다. 이런 축제는 나무에게 엄청난 스트레스를 주죠. 그러나 그 누구도 소란한 축제가 나무에게 스트레스를 줄 거라는 사실을 생각하지는 않습니다.

꽃을 구경하는 사람들의 태도에도 문제가 많습니다. 꽃과 함께 사진을 찍으면서 즐거운 시간을 보내는 것까지는 봐줄 만하지만, 간혹 꽃을 꺾는 사람들이 있거든요. 꽃을 꺾는 심리는 아름다움을 독점하려는 욕심입니다. 꽃을 꺾어서 소유하는 것은 오히려 그 사람을 추하게 할 뿐입니다. 꽃을 꺾어 소유한 아름다움은 잠시뿐이죠. 보통은 꺾은 꽃을 금방 땅에 버리곤 합니다. 많고 많은 꽃 가운데 하나를 꺾는다고 큰일이 생기지는 않습니다. 바람에 꽃이 떨어지기도 하는데, 꽃 꺾는 걸 지나치게 나무랄 필요가 없는지도 모르죠. 하지만 산수유가 꽃을 피우는 데 어떤 도움도 주지 않고서 한 해 동안 목숨 걸고 피운 꽃을 아무 생각 없이 꺾는 것은 잘못된 행동입니다. 꽃은 나무가 사계절을 치열하게 살아내며 만든 성과입니다. 이런 성과를 한순간에 물거품으로 만드는 것이 과연 옳은 일일까요.

구례군 산동면에는 우리나라에서 천 년이 넘었다는 산수유가 살고 있습니다. 이곳의 산수유는 천 년 전 중국 산동성의 처녀가 우리나라 상인과 결혼하면서 가져온 씨앗으로 자란 나무입니다. 지금도 이곳의 산수유는 당당하게 잘 살고 있습니다. 나는 캠퍼스에 산수유 꽃이 피면 학생들에게 꽃이 몇 개인지 세도록 합니다. 산수유 꽃은 독특합니다. 멀리서 보면 하나의 꽃으로 보이지만 가까이서 보면 20~30개의 꽃들이 모여 있거든요. 대부분의 학생들은 산수유 꽃을 가까이에서 본 적이 없습니다. 산수유 꽃을 세어 본 학생들의 반응은 각양각색입니다. 귀엽고 조그마한 노란 꽃이 바글바글 모여 있어 병아리 떼 같다고도 하고, 꽃에서 순수하고 맑고 깨끗한 에너지를 느낀다고도 합니다. 이런 반응은 나를 더욱 즐겁게 합니다. 잠깐 동안의 관찰이 생각을 더욱 풍부하게 한다는 사실을 확인하는 셈이거든요. 특히 꽃을 세면서 상상력을 동원한다는 사실에 흥분하게 됩니다.

스스로 무언가를 관찰하는 모습은 아름답습니다. 어린아이들이 호기심을 갖고 뭔가에 몰두하는 모습을 보는 부모들은 흐뭇한 미소를 짓곤 합니다. 나 역시 학생들이 삼삼오오 모여 산수유 꽃을 세는 모습을 보고 있으면 세상을 다 얻은 것처럼 행복합니다.

느티나무와
은행나무에도
꽃이 피나요

봄이 되어 나무를 관찰하던 학생들이 느티나무 꽃을 보고는 놀랍니다. 나는 나무 특강이나 일상에서 만나는 사람들에게 느티나무 꽃에 대해 묻습니다. 대부분은 "느티나무에도 꽃이 피나요?"라고 묻죠. 느티나무는 모르는 사람이 거의 없을 만큼 친숙한 나무입니다. 동네 어귀 어디든 느티나무 한 그루 정도는 살고 있으니 말입니다. 그래서 느티나무는 우리나라에서 수호목(일명 당산목) 혹은 신목으로 각광받고 있습니다. 충청북도 괴산군은 지명에서 알 수 있듯 우리나라에서 나이 많은 느티나무가 가장 많은 고장입니다. 괴산군의 '괴槐'가 느티나무를 뜻하거든요. 장연면 오가리의 느티나무는 우리나라 느티나무 중에서 가장 나이가 많은 천연기념물입니다. 천 년이라는 세월을 살았죠.

은행나무 꽃도 사람들이 놀라워하는 꽃입니다. 느티나무 꽃처럼 많은 사람들이 평생 본 적 없는 꽃이죠. 암수딴그루의 은행나무는 수꽃과 암꽃이 따로 있습니다. 그런데 은행나무 수꽃은 나무에 관심이 있는 사람들이라면 땅에 수북이 떨어진 노란 꽃을 쉽게 볼 수 있습니다. 봄철에 은행나무 수꽃이 떨어지면 많은 사람들에게 전화를 해서 보라고 합니다. 은행나무 수꽃을 처음 보는 사람들은 이렇게 말하죠.

"꽃이 뭐 이래! 오디를 닮아 좀 징그럽네요."

은행나무 수꽃은 꽃에 대한 이미지를 완전히 뒤바꾸죠. 은행나무 암꽃은 잎과 거의 같은 색깔이라서 눈으로 확인하기 어렵습니다. 그러나 암나무를 기억하는 사람들은 고개를 들어 잎 사이를 자세히 보면 확인할 수 있습니다. 은행나무 수꽃과 암꽃을 확인하는 일은 지구상에서 가장 위대한 존재가 어떻게 살아가는지를 경험하는 과정입니다. 은행나무는 낙우송과의 메타세쿼이아, 소철과의 소철과 더불어 이른바 '살아 있는 화석'으로 알려져 있습니다. 살아 있는 화석이라고 불리는 이유는 공룡시대인 백악기에서 지금까지 1억 년이

자신만의 하늘을 가져라

넘는 기간 동안 살아남은 존재들이기 때문입니다. 많은 사람들이 평소에 은행나무를 자주 만나면서도 그 경이로움을 인식하지 못하고 살아갑니다. 경기도 양평군 용문면 용문사의 천연기념물 은행나무는 우리나라 은행나무 중에서도 가장 나이가 많습니다. 이곳의 은행나무는 천 년 이상 살고 있는 위대한 존재죠. 그래서 나는 학생들에게 은행나무를 만나면 반드시 인사할 것을 권합니다.

나무와 인사하는 법을 모르는 학생들은 나의 제안에 당황한 표정을 짓습니다. 그러나 금세 인사하는 법을 터득하죠. 옆의 친구에게 인사하는 것과 다를 바 없으니까요. 은행나무와 인사하고 나서 나무의 삶을 생각하면 절로 고개가 숙여집니다. 1억 년이 넘는 기간 동안 은행나무는 어떻게 살아남았을까요. 혹 나에게 답을 듣고 싶은가요? 하지만 나는 답을 알려 줄 수 없습니다. 은행나무의 암꽃과 수꽃을 본 사람만이 답을 알 수 있으니까요. 한 가지 힌트만 주죠. 절실하게 은행나무의 암꽃과 수꽃을 관찰하면 해답을 쉽게 얻을 수 있습니다.

내가 사람들에게 느티나무 꽃과 은행나무 꽃을 보여 주는 속뜻은 세상에는 눈에 잘 띄지 않는 곳에서도 자신의 몫을 충분히 감당하는 존재들이 많다는 것을 보여 주기 위해서입니다. 하지만 사람들은 벚꽃 같은 화려한 꽃만 기억합니다. 어쩌면 세상은 눈에 잘 띄지 않지만 자신의 몫을 묵묵히 감당하는 사람들로 인해 돌아가는지도 모릅니다. 대부분 우리들의 삶이 그렇습니다.

　　나는 공부 문제로 선생님의 관심을 받아 본 적이 단 한 번도 없습니다. 초중학교 때 다른 학생들보다 운동에 소질이 있어서 선생님의 관심을 받은 적은 있습니다. 한때 운동선수를 꿈꾸기도 했죠. 하지만 그 꿈을 포기해야 했습니다. 대도시 운동선수에 비하면 농촌의 오지마을에서 운동 꽤나 한다는 건 그리 자랑할 만한 일이 아니었죠. 어린 시절의 그런 경험들은 나의 능력을 과신하지 않는 계기가 되었습니다. 운동선수 꿈을 접고 새로운 꿈을 찾는 데 꽤 많은 시간이 걸렸죠. 대학에 진학하기까지는 학교생활을 조용히 보냈습니다. 나의 이러한 성향은 두 딸에게도 고스란히 전해졌죠. 형편이 좋지 않아 겨우 유치원에 보냈지만 선생님의 일방적인 교육 태도 때문에 적잖이 고통을 받았습니다. 두 딸 모두 내성적이라서 남들 앞에 나서길 꺼려했죠. 하지만 대부분의 유치원은 외향적인 사람으로 키우길 좋아합니다. 모든 유치원생들을 웅변가로 만들려고 하는지 남들 앞에서 반강제로 발표를 시키곤 하죠. 두 딸은 그런 교육에 적응하지 못해 많이 힘들어했습니다. 유치원 선생님은 활동 수첩에 두 딸의 소극적인 태도가 문제라는 식으로 적어 보내기도 했습니다. 나는 선생님의 지적에 이렇게 답했습니다.

"저의 딸에게 억지로 발표시키지 마세요. 다른 친구들의 얘기를 세상에는 은행나무 꽃처럼 눈에 잘 띄지 않지만 열심히 살아가는 존재들이 아주 많습니다. 대체로 우리나라 교육은 듣기보다 말하기를 강조합니다. 사실은 말하기보다 듣기가 더욱 중요한데 말이죠. 인간은 태어나면서 듣는 것부터 배웁니다. 듣고 난 뒤에 말을 하는 거죠. 듣지 않는다면 말하는 게 무슨 소용이 있을까요. 지금 두 딸은 아주 잘 살고 있습니다. 남들 앞에 나서서 발표를 잘하지는 못해도 아무런 문제가 없습니다. 은행나무 꽃이나 벚나무 꽃이나 모두 똑같이 자신을 드러내는 행동이지만, 사람들은 벚나무의 행동에만 관심을 갖습니다. 은행나무와 벚나무의 가치는 동등하지만 사람들이 바라보는 인식이 사뭇 다른 것이죠. 똑같이 봄에 꽃을 피우지만 사람들의 관심을 거의 받지 못하는 은행나무와 느티나무는 벚나무보다 훨씬 오래 삽니다.

세상 모든 존재가 돋보일 수 있다고 생각하면 착각입니다. 아울러 돋보이지 않는다고 해서 무시해서도 안 됩니다. 중요한 것은 충실히 각자의 역할을 담당하는 것이고, 그것을 모두 인정하려는 자세입니다. 느티나무와 은행나무는 천연기념물로 지정된 예가 많습니다. 한국인의 삶이나 역사, 문화에 끼친 영향이 다른 나무에 비해 높은 편이죠. 사람들은 두 나무에서 꽃이 핀다는 사실을 잘 알지 못합니다. 하지만 두 나무는 말없이 꽃을 피워 내며 자신의 몫을 담당하고 있습니다. 나무는 남들이 알아주지 않아도 자신의 몫을 다할 뿐입니다.

늦게 피는
꽃은 없다

나무의 꽃은 일찍 피지도 늦게 피지도 않습니다. 꽃이 일찍 핀다거나 늦게 핀다는 기준은 사람들 생각일 뿐입니다. 사람들은 대부분의 나무가 봄에 꽃을 피운다고 생각합니다. 그래서 봄이 지나면 꽃구경을 할 수 있는 계절이 끝났다고 생각하죠. 그러나 꼭 그렇지 않습니다. 우리나라에도 봄철만이 아니라 다른 계절에 꽃을 피우는 나무들이 많습니다.

여름에 꽃이 피는 나무로 부처꽃과의 배롱나무와 아욱과의 무궁화, 그리고 콩과의 자귀나무와 회화나무, 칡, 갈매나뭇과의 대추나무를 들 수 있습니다. 이 나무들은 오로지 자신의 생체리듬에 맞춰 제

때에 꽃을 피웁니다. 여름에 꽃 피는 나무들은 봄에 꽃 피는 나무보다 잎을 훨씬 늦게 만들죠. 특히 배롱나무와 무궁화는 다른 나무에 비해 꽃이 피어 있는 기간이 매우 깁니다. 그러나 꽃을 피우는 방식이 다른 나무와 다릅니다. 배롱나무는 꽃이 100일 동안 붉게 핀다는 '백일홍'의 우리말입니다. 한 송이가 100일 동안 피어 있는 것이 아니라 시기를 달리하면서 피는 송이송이 합창이 100일간 이어지죠. 무궁화는 배롱나무와 비슷하게 100일 동안 피어 있지만 배롱나무와 피는 방식이 또 다릅니다. 무궁화는 나팔꽃처럼 한 송이기 하루만 피었다가 통꽃으로 뚝 떨어지죠.

자귀나무는 가지 끝에 15~20개의 꽃이 우산 모양으로 피면서 긴 분홍색 수술이 화장솔처럼 달립니다. 나는 자귀나무의 분홍 꽃을 보면서 뜨거운 사랑을 생각합니다. 더운 여름과 분홍 꽃이 뜨거운 사랑을 연상시키죠. 내가 자귀나무를 유난히 좋아하는 이유는 이 나무가 아주 예민하기 때문입니다. 소가 자귀나무의 잎을 아주 좋아한다고 해서 '소밥나무'로 불리기도 하는데, 자귀나무의 잎은 바람이 불거나 밤이 되면 짝수의 잎을 접습니다. 자귀나무가 얼마나 예민한지를 보여 주는 증거입니다.

사람 중에도 자귀나무처럼 예민한 성격을 가진 이들이 적지 않습니다. 하지만 우리나라는 의외로 예민한 사람을 고운 시선으로 보지 않죠. 내게 배운 졸업생 중에 아주 예민한 학생이 있었습니다. 강

자신만의 하늘을 가져라

의시간에 필기를 할 때도 마치 인쇄한 것처럼 줄을 맞출 정도이고, 정리정돈도 아주 빈틈이 없었죠. 그런데 주변 사람들에게는 '별난 학생'으로 찍혀 다른 사람들과 어울리는 데 큰 어려움을 겪었습니다. 나는 오히려 그 학생에게 자신의 그러한 성격을 잘 발휘하라고 당부했죠. 그 학생의 예민함은 다른 사람이 갖고 있지 않은 장점이 될 수 있습니다. 앞으로 좋은 방향으로 능력을 펼친다면 훌륭한 자산이 될 수 있겠죠.

우리나라에서 남들보다 예민한 사람들은 외면당하기가 쉽습니다. 자귀나무처럼 예민한 나무에게 다음과 같이 말하면 어떨까요?

"너는 왜 그렇게 예민해, 좀 둥글둥글하게 살면 안 되니?"

자귀나무의 매력은 예민함입니다. 만약 자귀나무가 예민하지 않다면 어떤 힘으로 살아갈 수 있을까요. 아마도 금세 죽을지 모릅니다. 자신과 다른 것을 대하는 것이 조금 불편할지는 모릅니다. 하지만 편한 것만 좇는다면 금세 싫증이 나지 않을까요. 만약 모든 나무들이 같은 색깔과 모양으로 같은 시기에 꽃을 피운다면 이 세상은 어떨까요. 상상만 해도 끔찍합니다. 나무가 저마다의 모습으로 꽃을 피우듯 인간의 삶도 다양한 가치를 인정할 때에 아름다울 수 있습니다.

나무의 개화시기를 알면 세월의 흐름을 알 수 있습니다. 여름을 알리는 이름을 가진 나무가 있습니다. 바로 물푸레나뭇과의 이팝나무입니다. 이팝나무 꽃은 멀리서 볼 때와 가까이서 볼 때가 아주 다릅니다. 이팝나무 꽃을 멀리서 보면 마치 흰쌀밥처럼 보이죠. 그래서 이 나무를 '쌀밥나무'라고도 부릅니다. 춘궁기 때 농부들이 일을 하다가 이팝나무에 핀 꽃을 쌀밥이라고 생각한 데서 생긴 이름입니다. 슬픈 사연이 담긴 이름이죠. 얼마나 쌀밥이 먹고 싶었으면 나무의 꽃을 보고 쌀밥을 생각했을까요. 그러나 이팝나무 꽃을 가까이에서 보면 밥알과 전혀 다릅니다. 어린 가지 끝에 맺힌 순백의 꽃이 꽤 길게 4개씩 갈라져 있습니다. 나는 이팝나무 꽃이 피면 학생들을 데리고 캠퍼스로 나갑니다. 이팝나무 꽃은 꽃송이가 무성해서 꽃그늘을 만들 정도입니다. 꽃그늘 아래서 꽃을 한참 동안 바라보면 마음이 편안해집니다.

가을이 되면 우리나라 대부분의 나무들이 잎을 떨어뜨리면서 열매가 익어 갑니다. 그러나 이런 분위기에 꽃 피는 나무가 있습니다. 차나뭇과의 차나무입니다. 차나무는 남쪽에 살기 때문에 북쪽에 사는 사람들은 만나기 어렵습니다. 전라남도 보성이나 경상남도 하동, 그리고 제주도에 많이 살고 있죠. 그런데 지구온난화로 내가 살고 있는 대구에서도 차나무를 쉽게 볼 수 있습니다. 차나무는 다른 나무와 달리 열매와 꽃을 동시에 볼 수 있습니다. 그래서 차나무를 '실화상봉수'라고 부르기도 합니다. 열매와 꽃이 만난다는 뜻이죠. 다른

자신만의 하늘을 가져라

나무들은 꽃이 피고 난 뒤에 그 자리에 열매를 맺어서 열매와 꽃이 만날 수 없지만, 차나무는 꽃이 필 때 지난해에 맺은 열매가 함께 있습니다. 반면 우리나라가 원산지인 수선화과의 상사화는 잎과 꽃이 서로 만날 수 없어서 붙은 이름입니다.

나는 마흔다섯에 교수가 되었습니다. 비교적 이른 나이에 교수가 된 분들에 비하면 늦은 편이죠. 하지만 나는 정말 늦게 꽃을 피운 것일까요? 그렇지 않습니다. 나는 제때에 꽃을 피웠습니다. 다른 분들의 꽃과 나의 꽃은 다르니까요. 여름을 알리는 이팝나무 꽃과 가을에 피는 차나무 꽃의 꽃 피는 시기를 비교할 수 있을까요. 나 역시 한때는 이른 나이에 자리 잡은 교수들을 부러워했습니다. 그러나 나무의 삶을 관찰하면서 그런 생각이 얼마나 스스로를 비참하게 만드는지 깨달았습니다. 불행은 나와 타인의 삶을 비교하는 순간 시작됩니다.

아름답지 않은
꽃을 보았나요

평소에 나무 수업을 하면서, 혹은 다른 사람들과 나무를 만나면서 종종 이런 얘길 듣습니다.

"이 꽃은 그다지 예쁘지 않네."

들기에 거북한 말입니다. 나무가 이 말을 들으면 얼마나 속상할까요. 만약 옆에 있는 사람에게 "넌 왜 그다지 예쁘지 않니?"라고 말하면 상대방의 마음은 어떨까요. 기분이 썩 좋지는 않겠죠. 과연 어떤 꽃이 예쁘고 아름다울까요. 이처럼 주관적인 질문이 있을까요. 결국 대답도 주관적일 수밖에 없겠죠. 그런데 많은 사람들이 이처럼 주관을 얘기하면서 동의를 구하곤 합니다. 나는 종종 이렇게 말합니다.

"마음이 예쁘면 모든 꽃은 예쁩니다."

아름다움의 조건에 대해 생각해 봅니다. 꽃의 종류에 따라 아름다움을 구분하는 사람은 아마도 콤플렉스를 가진 사람이 아닐까 생각해요. 나는 어떤 꽃이 예쁜지를 배운 적이 없습니다. 다른 사람들도 마찬가지겠죠. 그런데 자기도 모르게 그런 말을 하는 것은 일종의 콤플렉스일지도 몰라요. 나에게도 심각한 콤플렉스가 있었어요. 키와 얼굴, 그리고 머리카락이었죠.

키에 대한 콤플렉스는 고등학교 때부터 있었습니다. 중학교 때까지는 오히려 동기들보다 컸는데, 그 이후로 성장이 멈추면서 더 이상 자라지 않았죠. 키에 대한 콤플렉스는 나무를 공부하기 전까지 계속되었습니다. 좀 더 커 보이려고 구두에 깔창을 넣어 다니기도 했어요. 신발이 작아 불편했지만, 그렇게라도 하지 않으면 당당히 다닐 수 없었습니다.

얼굴에 대한 콤플렉스는 키보다 심각했습니다. 이마가 앞으로 약간 튀어나와 있거든요. 옆에서 보면 더욱 튀어나온 것처럼 보여서 얼굴을 못나 보이게 만듭니다. 키는 어찌해서 구두 높이로 조금이나

마 콤플렉스를 줄일 수 있었지만, 이마는 성형하지 않는 한 어쩔 수 없는 부위였으니까요. 유일한 방법이 머리카락으로 이마를 감추는 것이었어요. 그런데 머리카락이 반곱슬이어서 이마까지 머리카락을 기르면 위로 말려 올라가 버렸죠. 설상가상 뒷머리의 제비초리도 콤플렉스였습니다. 제비초리 때문에 머리카락을 기를 수가 없었거든요. 머리카락이 길면 위로 올라가는 터라 뒷머리를 감추려고 여름에도 옷깃을 세우고 다니곤 했습니다.

내 곱슬머리는 두 딸에게도 고스란히 전달되었습니다. 두 딸은 고등학교 입시를 준비할 때도 아침 일찍 일어나서 머리를 감은 후 머리카락을 펴는 데 한 시간 정도를 투자했어요. 그렇지 않으면 당당하게 학교에 가지 못하는 성격이었거든요. 그런 딸들을 지켜보면서 가슴이 아팠지만 한 번도 참견하지 않았답니다. 두 딸의 콤플렉스를 아버지가 해결할 수 없다는 것을, 어차피 스스로 극복하지 않고서는 끝나지 않는 '전쟁'이라는 것을 잘 알고 있었거든요. 대학생인 두 딸은 지금도 머리카락 콤플렉스에서 벗어나지 못하고 있습니다. 두 딸이 하루빨리 콤플렉스에서 벗어나길 바라지만, 내가 마흔 살쯤에 그런 콤플렉스에서 벗어난 것처럼 두 딸도 좀 더 많은 시간이 필요할지 모릅니다.

나는 40년 만에 내 키가 크지도 작지도 않은, 오로지 '나의 키'라는 사실을 깨달았습니다. 나의 존재를 절대적인 가치로 인정하는 데

자신만의 하늘을 가져라

40년이 걸린 셈이죠. 나의 절대적인 가치를 인정하자 어떤 나무도 비교하지 않고 같은 가치로 바라볼 수 있었습니다. 사람도 마찬가지입니다. 모든 사람은 예쁩니다. 키가 크든 작든, 얼굴이 예쁘든 그렇지 않든 말이죠. 잘생기고 못생기고를 결정하는 것은 타인이 아니라 내가 선택하는 문제입니다. 스스로 콤플렉스라는 마법에 걸려 있으면 모든 것을 그런 기준으로 바라봅니다. 다만 콤플렉스는 사라지는 것이 아니라 벗어나는 것입니다. 키라든가 얼굴의 생김새가 바뀌지는 않을 테니까요. 콤플렉스는 나의 관심과 가치의 중심을 다른 곳으로 옮겨야 벗어날 수 있습니다.

꽃에 대한 생각은 각자의 자유지만, 그것이 차별과 분별이라면 얘기가 다릅니다. 우리들이 삶에서 겪는 여러 갈등, 나아가 지구상에서 벌어지는 수많은 분쟁에는 다른 존재에 대한 차별이 자리 잡고 있다는 것을 기억할 필요가 있습니다. 나는 학생들이나 나무를 좋아하는 사람들에게 나무가 만든 꽃에 대한 차별을 경계하라고 얘기합니다. 혹 어떤 사람들이 꽃에 대한 호불호가 개인의 자유 아니냐고 물으면 나는 이렇게 답합니다.

"무엇에 대한 호불호는 개인의 자유입니다. 그러나 생명에 대한 호불호는 개인의 자유가 아닙니다. 개인의 호불호가 다른 생명의 생존에 영향을 준다면, 이는 자유의 문제가 아니라 인간이 지켜야 할 의무라고 생각합니다."

꽃에 대한 차별적인 태도를 대할 때면 중국 당나라 때 스님이었던 운문선사가 남긴 일일시호일日日是好日이라는 말을 되새깁니다. '매일매일이 좋은 날'이라는 의미입니다.

어떤 사람은 바람 불면 바람 분다고 불평하고, 어떤 사람은 비 오면 비 온다고 투덜댑니다. 어떤 사람은 흐리면 맑지 않다고 불평하고, 어떤 사람은 햇볕 나면 자외선을 걱정합니다. 그러나 투덜댄다고 달라지는 것은 없습니다. 매일매일 좋은 날인 것을요.

사람들은 날씨에 호불호의 감정과 판단을 적용합니다. 특히 우리나라 기상청은 일기예보를 하면서 국민들의 일상에까지 참견하죠. 맑은 날씨를 보도하면서 외출하기 좋다고 하는가 하면, 심지어 빨래하기 좋다는 정보까지 제공합니다. 마치 '맑은 날'에는 반드시 외출을 해야 하는 것처럼 말이죠. 많은 사람들이 '맑은 날씨'를 '좋은 날씨'로 얘기합니다. 좋고 나쁜 것은 맑고 흐림의 문제가 아니라 지극히 개인의 취향인데도 말입니다. 이처럼 많은 사람들은 가치를 아주 쉽게 판단합니다. 가치 판단은 자유지만 일방적인 것이 문제죠.

나는 바람이 불거나 비가 내려도 나무와 만납니다. 비 오는 날에

자신만의 하늘을 가져라

도 나무 수업을 합니다. 흔히 야외 수업은 맑은 날 잔디에 앉아서 한다고 생각합니다. 그러나 나무는 언제든 어떤 상황에서든 만날 수 있습니다. 고정관념은 한 존재의 앞날을 어둡게 만듭니다. 다양한 것과 만날 수 있는 기회를 만들지 못하기 때문입니다. 아름다운 꽃을 아름답게 볼 수 없는 것만큼 불행한 일도 없습니다. 편견만 버린다면 1년 내내 아름다운 꽃과 만나면서 살아갈 수 있습니다. 사람들 손에 잘 가꾸어진 꽃만 아름다운 것이 아니라 길가에 아무렇게나 핀 풀꽃도 아름답습니다. 키가 크고 좋은 옷을 입은 사람도 아름답지만, 키가 작고 남루한 옷을 입은 사람도 아름답습니다. 만약 자신이 후자에 해당한다면, 키가 크고 좋은 옷을 입은 사람만 아름답다고 말할 수 있을까요? 그렇게 생각하면서도 행복하게 살아갈 수 있을까요?

내가 꽃을
사랑하는 이유

누구나 꽃을 좋아합니다. 하지만 사람마다 그 이유는 다릅니다. 나는 꽃이 모두에게 평등하기 때문에 좋아합니다. 부유하든 가난하든 나무가 피우는 꽃을 독점할 수 있는 사람은 없습니다. 또한 부유하든 가난하든 나무가 피우는 꽃을 누구나 만날 수 있습니다.

사람들은 꽃이 일찍 지는 것을 아쉬워합니다. 만약 1년 내내 나무가 꽃을 피운다면 어떨까요? 꽃을 만나고 싶은 간절한 마음이 들까요? 쉽게 가질 수 있다고 생각한다면 소중한 마음이 크지 않을 것입니다. 시험공부를 하고 있을 때는 놀고 싶은 마음이 간절합니다. 그런데 막상 시험이 끝나고 무한정 놀라고만 하면 어떨까요? 백수가 행복할까요, 일하는 사람이 행복할까요? 왜 직업을 찾기 위해 그렇게 노력할까요? 분명 먹고살기 위한 것만은 아닐 것입니다. 인간은 노동을 통해 생존과 즐거움을 함께 누리는 존재입니다. 그래서 노동이 신성한 것이죠. 꽃이 아름다운 것도 적당한 시기에 피고, 필요한 시기에 떨어지기 때문입니다.

꽃이 지면 아쉬워 그리움이 싹틉니다. 나는 '그리움'이라는 말을 매우 좋아합니다. 그리움은 곧 사랑입니다. 그리워하는 대상이 없다는 것은 마음에 사랑이 없다는 말과도 같습니다. 반대로 그리워하는 대상이 많다는 것은 그만큼 사랑이 가득하다는 의미겠죠. 나무가 늘 그립습니다. 그래서 천 리 길을 마다하지 않고 나무를 찾아갑니다. 나에게 가장 즐거운 여행은 나무를 만나러 가는 것입니다. 올해도 나무를 만나러 자주 다녔습니다. 그중에서도 밀양시 단장면의 이팝나무를 잊을 수 없습니다. 작년 겨울에 우연히 그곳의 이팝나무를 만났습니다. 차를 타고 가다가 길을 잘못 든 탓에 우연히 만나게 되었죠. 차에 내려 이팝나무를 보는 순간, 너무 놀라 넘어질 뻔했습니다. 이팝나무에 열매가 아주 많이 달려 있었거든요. 지금까지 많은 이팝나무의 열매를 봤지만 그곳의 이팝나무처럼 그렇게 열매가 많이 달린 것을 본 적이 없습니다.

나는 올해 그곳의 이팝나무에 꽃이 핀 모습을 학수고대하고 있습니다. 아마도 엄청나게 꽃이 필 것입니다. 하지만 꽃이 언제 필지 몰라 언제 가야 할지도 모릅니다. 보통 5월 5일경 입하 즈음에 피겠지만, 산간 지역은 개화시기를 정확히 가늠하기가 쉽지 않습니다. 일상에서 만날 수 없는 나무의 꽃을 보기란 쉽지 않습니다. 꽃이 피었겠지 싶어 가보면 피지 않은 경우도 있고, 이미 진 경우도 있거든요.

꽃이 피고 지는 것은 나무의 몫입니다. 꽃이 핀 모습을 보는 가장 좋은 방법은 자주 만나는 방법밖에 없습니다. 꽃을 보러 갔는데 아직 피지 않았더라도 기분이 좋습니다. 그리움을 간직하고 돌아오면 되거든요. '흥이 다하면 슬픔이 온다'는 말처럼, 보고 나면 그리움도 사라지겠죠. 보고 싶은 누군가를 그리워할 때 사랑도 더욱 깊어집니다. 나는 무언가가 그리워 그것을 찾아가는 여정이 좋습니다. 밀양의 이팝나무를 찾아가는 기다림을 즐기고 싶습니다. 이팝나무가 꽃을 피운 모습을 보지 못한다고 해도 상관없습니다. 이팝나무가 그자리에 있는 것만으로도 감사할 뿐입니다. 무언가를 그리워할 수 있다는 것만으로도 행복하니까요. 나도 이팝나무처럼 누군가에게 그런 사람이길 바랍니다. 자신이 누군가에게 그리운 사람이 되어 살수 있다면 얼마나 행복할까요.

자신만의 하늘을 가져라

6장.

열매[實] :
결실은 공유할 때
싹을 틔운다

꽃이 진 자리에
열매가

많은 사람들이 과정보다 결과를 중요하게 여깁니다. 나무에게 열매
는 결과를 의미합니다. 하지만 나무의 열매가 어떻게 만들어지는지
에 대해서 알고 있나요? 결과에는 반드시 과정이 필요합니다. 나무
의 열매는 꽃이 진 자리에서 생깁니다. 나는 학생들을 데리고 꽃이
진 자리를 관찰합니다. 꽃이 진 자리는 화려하지 않습니다. 하지만
그 자리가 아니면 어떤 열매도 탄생하지 않습니다.

사람은 부모의 아름답고 고운 몸속에서 탄생합니다. 공자는 부
모의 은혜를 잊지 말라는 뜻으로 자식의 효도를 강조했습니다. 효의
기준을 3년으로 삼았죠. 그래서 부모가 죽으면 3년 동안 제사를 모

시며 상주 노릇을 하라고 했던 것입니다. 자식에게 3년은 부모 품에서 지내야만 하는 기간을 의미하기도 합니다. 3년이 되기 전에 부모 품을 떠나면 생존하기 어렵다고 생각한 거죠. 그래서 부모가 죽으면 최소한 자신을 살게 한 기간만이라도 부모를 생각하라는 것이었습니다.

꽃 진 자리는 꽃과 열매의 경계에 있습니다. 경계는 이쪽도 아니고 저쪽도 아닌 불안한 위치입니다. 세계에서 벌어지는 전쟁도 국경 지대에서 많이 발생하죠. 나라가 어려울 때는 도적 떼들도 경계 지역을 중심으로 활동합니다. 그래서 대부분은 경계에 나서길 두려워합니다. 가능하면 이쪽이든 저쪽이든 어딘가에 속하길 원합니다. 경계는 이쪽저쪽도 아닐 수 있지만, 조금 생각을 바꾸면 이쪽저쪽 모두에 속할 수도 있다는 장점이 되기도 합니다.

나는 55년 인생 가운데 15년가량을 경계에서 보냈습니다. 학자에게 경계란 이른바 제도권 밖에서의 생활을 의미합니다. 흔히 '보따리장사'라 불리는 대학의 시간강사로 지냈죠. 마치 보부상처럼 강의를 위해 이 학교 저 학교를 다니면서 생활했습니다. 시간강사의 서러움은 비정규직 노동자처럼 말할 수 없을 만큼 처참하지만 벗어날 기회를 찾기란 쉽지 않습니다. 나처럼 지방대학 출신은 더더욱 어렵죠. 일단 생활고에서 벗어날 방법이 없다는 것이 가장 힘들었습니다. 나는 경계의 삶에서 벗어나기 위해서 결단했죠. 그 과정에서

자신만의 하늘을 가져라

나무를 만나 새로운 삶을 선택했습니다. 이성복 시인은 나의 이러한 삶을 다음과 같은 시로 표현했습니다.

기파랑을 기리는 노래 – 나무인간 강판권

언젠가 그가 말했다, 어렵고 막막하던 시절
나무를 바라보는 것은 큰 위안이었다고
(그것은 비정규직의 늦은 밤 무거운
가방으로 걸어 나오던 길 끝의 느티나무였을까)

그는 한번도 우리 사이에 자신이
있다는 것을 내색하지 않았다
우연히 그를 보기 전엔 그가 있는 줄을 몰랐다
(어두운 실내에서 문득 커튼을 걷으면
거기, 한 그루 나무가 있듯이)

그는 누구에게도, 그 자신에게조차
짐이 되지 않았다
(나무가 저를 구박하거나

제 곁의 다른 나무를 경멸하지 않듯이)

도저히, 부탁하기 어려운 일을
부탁하러 갔을 때
그의 잎새는 또 잔잔히 떨리며 웃음 지었다
-아니 그건 제가 할 일이지요

어쩌면 그는 나무 얘기를 들려주러
우리에게 온 나무인지도 모른다
아니면, 나무 얘기를 들으러 갔다가 나무가 된 사람
(그것은 우리의 섣부른 짐작일 테지만
나무들 사이에는 공공연한 비밀)

　　나무는 막막한 경계의 삶에 선 나를 위로한 존재였습니다. 나는
이제 돌아갈 수 없는 강을 건넜습니다. 강은 건넜지만 경계는 벗어
나지 않았습니다. 역사학자가 나무를 선택하는 순간, 영원히 경계의
삶일 수밖에 없기 때문입니다. 만약 내가 경계의 삶을 포기한다면
어떻게 될까요. 아마도 엄청나게 불행한 삶을 살 것입니다. 꽃이 진
자리에 열매가 맺듯 우리들이 마주한 경계는 두려움의 대상이 아니
라 또 다른 결과를 만들어 내는 기회가 될 수 있습니다.

　　　　　　　　　　　자신만의 하늘을 가져라

열매는
떨어져야 한다

나무 수업을 하면서 학생들에게 종종 다음과 같은 질문을 받습니다.

"교수님, 이 열매 먹을 수 있어요?"

어른들의 나무 수업에서도 똑같이 질문을 받곤 합니다. 사람들은 열매만 보면 먹고 싶은가 봅니다. 왜 열매만 보면 먹는 것을 생각할까요. 열매를 양식으로 생각했던 배고픈 시대의 아픔이 남아 있는 탓일까요. 가난한 시절에는 나무의 열매가 목숨을 구했죠. 그런 식물을 '구황식물'이라 부릅니다. 구황식물 중에서도 참나뭇과의 상수리나무는 열매가 구황식물이라는 것을 잘 보여 주는 사례입니다. 상수리나무의 전설은 다음과 같습니다.

> 임진왜란 때 선조 임금이 피난을 갔습니다. 피난 간 곳에서도 먹을 것이 없었습니다. 그런데 피난 간 곳의 마을 사람들이 나무의 열매로 묵을 만들어 임금에게 바쳤습니다. 선조 임금은 임진왜란이 끝나자 다시 궁으로 돌아왔습니다. 그런데 선조 임금은 피난 때 먹었던 묵이 생각났습니다. 궁에서 당시 먹었던 묵을 수라상에 올렸습니다.

상수리나무의 이름은 열매로 묵을 만들어 선조 임금의 수라상에 올렸다는 전설에서 유래합니다. 이처럼 먹을 것이 부족한 때에는 나무의 열매를 먹을 수밖에 없었습니다. 하지만 요즘 굶어 죽는 사람은 거의 없습니다. 그런데도 많은 사람들이 열매만 보면 먹는 것을 생각합니다. 나무를 비롯한 식물을 사람의 건강에 맞춰 생각하는 것을 '본초학'이라 부릅니다. 중국에서 본초학을 집대성한 사람은 명나라 이시진이고, 그가 쓴 책은 《본초강목》입니다. 우리나라에는 허준의 《동의보감》이 있죠. 《본초강목》과 《동의보감》의 내용은 모두 식물의 약효가 중심입니다. 나는 학생들이 열매의 식용 여부를 물으면 다음과 같이 대답합니다.

나무는 고도의 전략을 가지고 열매를 만듭니다. 그래서 누구나 먹을 수 있도록 만드는 것이 아니라 자신의 후손을 만들 수 있는 자를 위해서 만들죠. 사람도 마찬가지입니다. 인간이 결혼하는 근본적인 이유도 후손을 남기려는 목적 때문입니다. 사람이 배우자를 선택하는 기준도 마찬가지겠죠. 사람마다 배우자를 선택하는 기준이 있듯이, 열매도 사람마다 선호하는 기준이 있습니다. 그런데 대부분 밤나무, 감나무, 사과나무, 자두, 복숭아, 앵두 등 먹을 수 있는 열매를 좋아합니다. 반면에 먹을 수 없는 열매에 대해서는 무관심하죠.

우리나라 대부분의 나무 열매는 가을에 익지만 일찍 꽃이 피는 매실나무와 살구나무는 여름에 익습니다. 두 나무는 사람들이 주로 열매를 따서 먹으려고 심습니다. 하지만 사람이 심지 않은 곳에서 자연적으로 자라는 나무 열매를 반드시 사람의 몫이라고 생각할 수 있을까요? 건강을 유난히 생각하는 사람들 중에는 산에 사는 나무 열매까지도 열심히 채취하려는 이가 있습니다. 심지어는 내가 근무하는 캠퍼스의 나무 열매를 따서 가져가는 사람들도 있습니다. 학교에서는 나무에 경고 팻말까지 달기도 했죠.

나무 열매를 함부로 따지 말아야 하는 이유는 간단합니다. 어떤 노력도 없이 공짜로 열매를 얻으려는 마음 자체가 정당한 것이라 볼 수 없지만, 더욱 중요한 이유는 특별한 이유 없이 새로운 생명을 앗아가는 일이기 때문입니다. 많은 사람들이 '도토리'라 부르는 참나뭇과의 열매를 탐냅니다. 가을 산에 가면 작정하고 도토리를 줍는 사람들을 종종 만납니다. 큰 보따리를 등에 짊어지고 다니죠. 그들이 주워 가는 도토리는 대부분 상수리나무나 굴참나무의 열매입니다. 산에서 주운 도토리를 시장에 팔아 소득으로 삼죠. 수익을 위해서라면 물불 가리지 않고 열매를 채취합니다. 떨어진 열매를 줍는 것도 모자라 돌을 던지거나 막대기로 쳐서 나무에 달린 열매를 떨어뜨리기도 합니다. 나무에 상처를 낸다는 죄책감도 없이 말이죠.

채취꾼들이 도토리를 남김없이 가져가면 어떤 상황이 벌어질까요. 요즘은 산에 가면 "도토리를 주워 가지 맙시다. 도토리는 다람쥐의 양식입니다"라는 글귀를 만날 수 있습니다. 그 글귀처럼 도토리는 다람쥐의 귀중한 양식입니다. 산에서 다람쥐를 만나면 귀엽다고 무척 반깁니다. 그러나 다람쥐가 무엇을 먹는지, 자신이 무심코 줍는 열매가 다람쥐의 양식인지에 대해서는 무관심하죠. 나는 산에서 도토리를 만나면 그걸 주워서 인적이 닿지 않는 곳으로 던집니다. 혹 사람들이 주워 갈까 봐서요. 몇 년 전에는 경주 천마총에 다녀왔는데, 거기서 청솔모를 보고는 깜짝 놀랐죠. 청설모가 아이스크림을 먹고 있지 않겠어요. 도대체 누가 청설모에게 아이스크림을 주었는지 모르겠지만, 청설모가 아이스크림을 먹을 정도면 야생성을 잃었

자신만의 하늘을 가져라

다는 뜻일지도 몰라요. 아니면 청설모가 먹을 수 있는 열매가 부족해서인지도 모르죠.

　요즘 방송에서 간혹 농가 인근이나 도시 근교에 멧돼지가 출몰한다는 소식을 듣습니다. 멧돼지는 농촌에서 가장 골치 아픈 존재입니다. 농사를 망치는 주범이기도 하죠. 그러나 멧돼지가 출몰하는 건 인간의 자업자득입니다. 멧돼지가 인가로 내려오는 건 대체로 먹을 것이 부족하기 때문이거든요. 인간이 멧돼지가 먹을 양식을 남겨 두지 않았기 때문입니다. 재미 삼아 도토리를 몇 개씩 줍는 인간의 행동이 산에 사는 동물들에게는 생존을 위협하는 것일 수도 있습니다.

　나무 열매는 멧돼지를 비롯해 산에 사는 많은 생명체들의 양식입니다. 나무는 사람보다 산에 사는 동물들의 먹이를 위해 열매를 만드는 것입니다. 사람이 아닌 산에 사는 동물들이 먹어야 열매가 새로운 생명을 낳기 때문입니다. 우리 조상들은 다른 생명체가 먹을 것을 염두하고 모든 열매를 수확하지 않았습니다. 겨울 감나무에 달린 홍시는 까치를 비롯한 새들의 먹이로 남겨 두곤 했습니다. 중국의 고전《역경》에 '석과불식碩果不食'이라는 말이 있어요. "큰 과일은 다 먹지 않는다"는 뜻이죠. 즉 자기만의 욕심을 다 채우기보다 남을 위해서 남겨 둔다는 의미입니다. 그런데 요즘 농부들은 기계로 논밭에 떨어진 곡식을 아주 깨끗이 치웁니다. 겨울철 농촌 들녘에 하얀 뭉치들이 널려 있는 것이 바로 기계로 작업한 볏짚입니다. 농부들은 일손이 부족하기 때문에 어쩔 수 없이 기계를 이용해서 가축에게 먹일 양식을 그렇게 장만하는 것이죠. 반면에 겨울 철새들은 먹을 것이 없어서 힘든 겨울을 보내야 합니다.

나는 어린 시절 밭에 떨어진 보리 이삭을 줍고, 논에 떨어진 벼 이삭을 주웠습니다. 당시에는 낫으로 수확했기 때문에 떨어진 곡식이 의외로 많았습니다. 그래서 부모들은 아이들에게 떨어진 곡식을 줍게 했죠. 그러나 아무리 알뜰하게 주위도 완벽하게 줍기는 못합니다. 그래서 자연히 철새들이 먹을 양식이 남아 있었죠. 요즘에는 과일 농사도 나무 크기를 작게 할 뿐 아니라 사다리와 같은 장비가 발달해서 일일이 모든 열매를 수확할 수 있습니다. 게다가 인공으로 수정하는 경우가 많아서 곤충의 도움도 애초부터 거부하죠. 이처럼 날이 갈수록 인간과 다른 생명체 간의 공생은 어려워지고 있습니다.

우리나라가 과거보다 풍요로운 것은 숲 때문입니다. 현재의 숲은 인간이 조성한 것도 있지만 대부분은 식물들이 열매를 만들어 스스로 번식한 것입니다. 그동안 우리가 식물의 번식을 방해하지 않고 지켜봤기에 가능한 일이었습니다. 그렇지 않았다면 지금과 같은 울창한 숲은 존재하지 않았겠죠. 숲은 선진국을 평가하는 기준입니다. 케냐 같은 나라는 숲 비율을 헌법에 명시할 정도죠. 케냐는 수도 나이로비에서 5킬로미터만 가도 밀림이 나옵니다. 미국의 어느 대학교는 학생 수를 캠퍼스의 나무 수 이하로 뽑기도 합니다.

자신만의 하늘을 가져라

나무는 번식에 가장 유리하도록 열매의 모양을 만듭니다. 사과 나무처럼 아주 달콤한 열매를 만들기도 하지만, 은행나무처럼 아주 고약한 냄새를 만들기도 하죠. 잣나무처럼 특정 새만이 씨앗을 먹을 수 있도록 만들기도 하고, 무화과처럼 아주 쉽게 먹도록 만들기도 합니다. 동물들은 나무의 열매가 가지에 달렸을 때 먹기도 하지만, 떨어진 열매를 주워 먹기도 합니다. 동물이 먹은 열매는 배설을 통해 새로운 생명으로 탄생하기도 하고, 떨어져서 싹이 나기도 하죠. 그래서 열매는 떨어져야 합니다. 뉴턴이 떨어지는 열매를 보면서 인류사에 길이 남을 만유인력의 법칙을 발견했듯이, 열매는 반드시 떨어져야 합니다. 떨어지지 않을 열매라면 또다시 맺지도 못하겠죠.

열매가 떨어지는 순간은 곧 새로운 생명의 잉태를 예고하는 순간입니다. 떨어진 열매는 땅의 기운과 만나 반드시 썩게 됩니다. 썩지 않으면 새로운 생명을 잉태할 수 없기 때문입니다. 나무의 열매는 빨리 썩기도 하고 아주 느리게 썩기도 합니다. 열매 중에서도 밤나무의 밤송이는 다른 열매와 달리 독특합니다. 밤송이가 강한 가시를 가진 것은 밤알 자체가 씨방이기 때문입니다. 그런데 밤송이는 땅에 떨어져 싹이 나와도 씨방이 뿌리에서 벗어나지 않고 아주 오랫동안 함께 붙어 있습니다. 씨방이 뿌리를 보호하는 것이죠. 인간은 밤나무 씨앗의 이러한 모습을 보고 근본, 즉 조상을 잊지 않는다고 생각해서 제사상에 올렸습니다. 모과나무의 열매는 크기가 크면서도 아주 느리게 썩습니다. 그래서 다른 동물들이 먹기에 아주 불편하죠. 모두 자신을 보호하기 위한 고도의 전략입니다.

　인간의 삶도 열매가 썩듯 누군가의 썩음으로 인해 잉태합니다. 썩음은 곧 희생이겠죠. 나무의 삶에서 보는 것처럼 희생은 결코 다른 사람을 위해서가 아니라 자신을 위한 것입니다. 자신을 위해서 희생할 때만이 다른 사람에게 뭔가를 줄 수 있다는 것이 나무가 우리에게 선하는 지혜입니다. 나무는 자신이 만든 열매를 다른 존재들에게 내준 뒤에야 자신의 후손을 만듭니다. 다른 존재가 자신의 열매를 먹어야 후손이 번창한다는 것을 잘 알고 있기 때문입니다. 나무는 자신의 삶과 다른 존재의 삶이 결코 다르지 않다는 것을 잘 알고 있습니다. 나무는 열매를 통해 함께 나누는 철학을 실천하는 것입니다.

위험을
막아 주는
열매

열매가 어떤 조건의 땅에 떨어지느냐는 나무의 삶을 결정하는 중요한 요소입니다. 좋은 조건에 떨어져 싹을 틔우면 한결 쉽게 자리를 잡겠지만, 그렇지 않은 경우에는 훨씬 힘든 삶을 각오할 수밖에 없습니다. 그러나 좋은 조건에 자리를 잡았다고 해서 결과가 좋다는 보장이 없고, 반대의 경우도 마찬가지입니다. 모든 삶에는 많은 변수가 생기기 마련입니다.

　나무 열매 중에는 땅에 떨어져 다시 씨앗으로 태어나지 못해 생을 마감하는 경우도 적지 않습니다. 사람들이 열매를 좋아하면 그런 운명을 맞습니다. 그중에서 무환자나뭇과의 무환자나무 열매는 사람들이 아주 좋아해서 새 삶을 얻지 못하는 경우가 종종 있습니다. 무환자나무 열매는 검은 씨앗이 아주 단단하면서도 윤기가 나서 보는 순간 마음을 빼앗길 정도로 매혹적입니다. 그래서 사람들은 이 나무 열매로 목걸이를 만듭니다. 특히 스님들은 이 나무 열매로 염주를 만듭니다. 무환자나무 열매로 만든 염주는 염주 중에서도 최고로 쳐줍니다. 무환자나무를 사찰 주변에서 만날 수 있는 이유도 스님들이 이 열매로 염주를 만들기 때문입니다.

사람들이 무환자나무 열매를 좋아하는 이유 중 하나는 식물학자가 붙인 나무의 이름 때문입니다. 무환자나무는 '근심이 없는 열매'라는 뜻입니다. 열매로 목걸이나 염주를 만들어 지니고 다니면 모든 근심을 없앨 수 있다는 주술적인 의미를 이름에 담은 것이죠. 무환자나무처럼 나무에서 주술적인 기운을 얻는 사례는 아주 많습니다. 인간은 이 땅에 살면서 나무 없이는 한순간도 존재할 수 없었습니다. 고대 사회일수록 나무에 대한 신앙은 깊었죠. 그만큼 나무가 인간의 삶에 깊숙이 자리 잡았기 때문입니다. 예컨대 중국에서는 복사나무의 열매인 복숭아를 장수의 상징으로 생각했습니다. 중국 한나라 동방삭은 서왕모의 복숭아를 훔쳐 먹고서 3천 갑자, 곧 18만 년을 살았답니다. 아울러 중국 사람들은 복숭아로 길흉화복의 점을 치기도 했습니다.

나무 열매는 인간의 삶에 부적 같은 수호신 역할을 담당했습니

자신만의 하늘을 가져라

다. 사람들은 왜 나무 열매가 자신을 지켜 준다고 생각했을까요. 나무는 사람처럼 말할 수도 없고, 무기도 만들 수 없고, 걸어 다닐 수조차 없는데 말입니다. 인간이 나약하기 때문일까요. 나는 인간이 나무 열매를 수호신으로 삼는 가장 중요한 이유가 나무가 지닌 선한 기운 때문이라 생각합니다. 나무는 다른 생명체와 달리 그 자체로 맑은 기운을 가지고 있습니다. 불교에서는 인간도 맑은 기운을 가지고 태어난다고 말하죠. 나도 그렇게 믿습니다. 모든 사람이 나무를 싫어하지 않는 이유도 바로 나무가 지닌 좋은 기운 때문입니다. 공자는 자신의 핵심 사상을 '인仁'이라고 말했습니다. '인'은 일종의 종자입니다. 어떤 종자든 좋은 기운을 갖고 있지만, 많은 사람들이 어떻게 드러내는지를 잘 몰라요. 공자의 제자들은 《논어》에서 스승의 핵심 사상인 '인'을 108번 언급하면서 다양한 방법을 얘기했어요.

누구나 좋은 종자를 훌륭하게 키우고 싶겠죠. 나는 공자가 '인'에 대해 얘기한 내용 가운데 "자신이 살기 위해서는 남을 먼저 일으켜 세워야 한다"는 구절을 무척 좋아합니다. 부모가 자식에게 헌신하는 것도 자식을 위한 것이 아니라 당신이 그렇게 하지 않으면 존재할 수 없기 때문이죠. 자식이 부모에게 효도하는 것도 그런 부모를 위해서 살지 않으면 괴로워서 살아갈 수 없는 것이겠죠. 그래서 남을 일으켜 세우는 것은 곧 자신을 존재케 하는 이유라는 것입니다. 만약 나무가 스스로 배부르기 위해서 열매를 만든다면 머지않아

번식하지 못하고 이 세상에서 사라질 것입니다. 누구나 좋은 종자로 태어나지만 좋은 종자로 남지 못하는 것은 다른 존재와 관계를 어떻게 맺었느냐 하는 문제 때문이죠. 만약 돈을 아무리 많이 버는 기업가일지라도 그 돈을 오로지 자신과 가족만을 위해서 사용한다면 결코 존경받지 못하겠죠. 존경받지 못하는 기업가라면 그에게 돈의 가치는 큰 의미가 없을 것입니다. 어차피 사람이 먹고사는 데 그만큼의 돈은 필요 없으니까요.

맹자는 공자의 '인'을 실천하는 방법으로 '측은지심惻隱之心'을 얘기했습니다. 누군가를 위해서 측은한 마음을 갖는 것은 그 존재의 삶에 대해 진정으로 생각한다는 것입니다. 남의 일을 자신의 일처럼 생각하는 것이 바로 측은지심이죠. 상대방의 입장은 어떻게 알 수 있을까요. 인간이 나무의 아픔을 어떻게 알 수 있을까요. 방법은 의외로 간단합니다. 물론 누구든지 상대방의 마음을 정확하게 알 수는 없습니다. 심지어 자신의 마음도 잘 모를 때가 있습니다. 결국 상대방의 마음을 이해한다는 것은 자신의 입장을 상대방의 입장에까지 미루어 짐작한다는 것입니다. 상대방의 아픔이나 나무의 아픔은 나의 아팠던 마음으로 미루어 짐작할 때 이해할 수 있다는 뜻이죠. 인간이 아무 이유 없이 나무 열매를 따서 버린다면 나무의 심정은 어떨까요. 나무의 심정은 혹 자신의 몫을 상대방이 빼앗아 갔을 때의 심정과 비교하면 알 수 있겠죠. 전국에 천연기념물로 지정된 나무들

자신만의 하늘을 가져라

이 지금까지 살아남을 수 있었던 것도 인간의 나무에 대한 측은지심 때문이겠죠.

나무든 인간이든 좋은 조건을 만나면 좋은 모습으로 다시 태어나고, 그렇지 않으면 좋지 않은 모습으로 다시 태어납니다. 그런데 좋은 조건은 반드시 본인의 노력에 달려 있습니다. 상대방과 좋은 관계를 맺는다면 결국 앞날의 삶도 좋은 결과로 나타날 것입니다.

나는
'쥐똥나무'

나는 나무를 공부하면서 어떻게 하면 나무와 함께할 수 있을지 고민했습니다. 생각 끝에 나무 이름을 갖기로 했습니다. 전통시대 우리나라와 중국의 선비들은 부모가 지은 이름 대신 '호號'와 '자字'를 가지고 있었습니다. 그래서 사람들은 이름 대신 호나 자를 불렀습니다. 예컨대 이황 대신 '퇴계', 정약용 대신 '다산'이라 부르듯이, 나는 이름 대신 나무 이름을 갖기로 했습니다. 나무 이름을 갖는다는 생각은 나뿐만 아니라 다른 사람들에게도 무척 낯설었습니다. 처음에는 사람이 나무 이름을 갖는다는 게 무슨 의미가 있으며, 과연 사람들이 그렇게 불러 줄까 하는 의구심이 들기도 했죠. 하지만 과감하게 시작했습니다. 내가 나무 이름을 생각한 것은 나무와 내가 하나라는 물아일체를 실천하고 싶었을 뿐 아니라 좀 더 거창한 철학을 생각했기 때문입니다. 다름 아닌 바로 '평등'이었습니다.

인류는 지금까지 평등한 사회를 만들기 위해서 노력했습니다. 그러나 세상은 자꾸만 불평등한 사회로 가고 있습니다. 다른 사람이 소유한 것을 빼앗아 서로 나눠 가지려고 하기 때문이죠. 나는 나무를 공부하면서 분배의 중요성과 나눔의 가치를 생각했습니다. 어떻게 하면 나무의 가치를 공유할 수 있을까 고민했죠. 그래서 나무 이름을 갖기로 한 것입니다. 그렇게 만든 나의 나무 이름이 '쥐똥나무'입니다.

책이나 강연에서 '쥐똥나무'라는 이름을 사용하자 의외로 많은 사람들이 관심을 가졌습니다. 왜 하필 쥐똥나무로 지었냐고 묻곤 하죠. 나무든 사람이든 모든 이름에는 나름의 뜻이 있을 테니까요. 내가 쥐똥나무라는 이름을 선택한 것은 쥐똥나무처럼 살아가길 바라는 뜻이 있었기 때문입니다. 나무를 공부하면서 만난 쥐똥나무는 나를 조금 당황스럽게 만들었습니다. 식물학자는 왜 하필 나무 이름에 '쥐똥'을 붙였을까 생각하면서 불평했죠. 그런데 시간이 지나면서 곰곰이 생각해 보니 쥐똥나무를 사랑한 식물학자의 마음이 보였습니다. 옛날 조상들은 귀한 존재가 오래 살길 바라는 마음으로 아주 흔한 이름을 붙였습니다. 귀한 자식에게 '개똥이'라는 이름을 불렀던 것도 그런 이유였죠. 생각이 여기에 미치자 쥐똥나무가 무척 정겨운 이름으로 다가왔습니다. 그래서 쥐똥나무를 선택했습니다.

쥐똥나무라는 이름을 정한 후에 고민한 것은 이 나무의 역할이었습니다. 나는 세상에 태어나 어떤 역할로 살아갈 것인가를 고민했습니다. 인간은 태어나 각자의 역할을 담당하면서 살아가야 합니다. 각자의 역할이 없다면 존재의 의미도 없을 테니까요. 나무들도 마찬가지겠죠. 큰키나무는 큰키나무대로, 떨기나무는 떨기나무대로 각각의 역할이 있습니다. 나는 나무에 비유하면 떨기나무라고 생각하고 있기에 떨기나무인 쥐똥나무가 잘 어울린다고 생각했어요. 떨기나무의 특성은 독립적으로 살아가는 것보다 더불어 살아가는 경우가 많습니다. 그래야만 잘 살 수 있거든요. 그래서 쥐똥나무는 주로 울타리로 많이 활용합니다. 나는 쥐똥나무의 이러한 역할을 닮고 싶었습니다. 울타리는 사람 눈에는 잘 띄지 않지만 묵묵히 자신의 역할을 충실하게 수행합니다. 게다가 저는 더불어 살아가는 쥐똥나무의 모습이 무척 아름답게 느껴졌습니다.

내 주변에는 나처럼 나무 이름을 갖고 있는 사람들이 있습니다. 첫 책을 낸 후 나의 책에 관심을 가진 사람들의 모임인 '나무 세기' 회원들은 모두 나무 이름을 갖고 있죠. '나무 세기' 회원들은 나를 '쥐똥'이라고 부릅니다. 쥐똥 외에는 선생이니 교수니 하는 단어를 붙이지 않아요. 선생이니 교수니 하는 호칭을 사용하는 순간 평등한

자신만의 하늘을 가져라

사회는 물 건너 갈 테니까요. 인간은 호칭을 사용하는 순간 수직 관계에 놓일 가능성이 아주 높습니다. 내가 쥐똥나무로만 부르도록 하는 것은 모든 인간의 가치가 평등하다고 믿기 때문입니다. 그러니 쥐똥으로만 불러도 아무 문제가 없는 것이죠. 혹 이렇게 부르면 존경하는 마음이 드러나지 않는다고 생각할지 모르겠습니다. 그런데 존경하는 마음이란 한 존재를 진정으로 인정하는 데서 출발합니다. 어떤 존재를 있는 그대로 인정하는 것 이상의 존경하는 마음은 의미가 없습니다.

나는 나무 수업에서 수강생들에게 나무 이름을 갖도록 한 후에 나무 이름을 불러 줍니다. 처음에는 어색해하다가 시간이 지나면 편안하게 받아들이죠. 사람 이름도 마찬가지죠. 처음 만난 사람의 이름을 들을 때는 낯설게 느끼다가 시간이 지나면 아주 편하게 부르잖아요. 더욱이 나무 이름을 가진 후 자신의 나무를 보면 그 이전과 무척 다릅니다. 마치 자신처럼 느낄 때가 많습니다. 내가 다른 사람들에게 나무 이름 갖기를 권유하는 또 다른 이유는 나무를 매개로 함께 공유하며 즐기길 바라는 마음 때문입니다.

내 아내의 나무 이름은 수수꽃다리, 큰딸은 은행나무, 작은딸은 느티나무입니다. 수수꽃다리와 쥐똥나무는 물푸레나뭇과입니다. 부부니까 같은 과로 삼은 것입니다. 길을 가다가 수수꽃다리를 만나면 아내를 만난 것처럼 인사합니다. 은행나무와 느티나무를 만나면 두 딸을 생각하죠.

나무 이름을 갖는 순간, 언제 어디서든 나무와 만날 수 있습니다. 특히 나무 이름을 통해 서로의 나무를 이해하는 시간을 갖는다면 삶에 변화가 생깁니다. 무엇보다도 이야기의 주제가 나무로 바뀝니다. 이는 삶의 가치가 바뀐다는 것을 의미합니다. 인생은 삶의 의미와 가치를 어디에 두느냐에 따라 달라집니다. 많은 사람들이 자신의 삶보다 타인의 삶에 더욱 관심을 기울입니다. 정작 중요한 건 자신의 삶인데도 말이죠. 나무 이름을 갖는 순간 이런 태도에서 벗어나 훨씬 생산적인 삶을 만들어 갈 수 있습니다.

꿈은 현실을 먹고 자란다

나는 지금까지 몇 차례 꿈을 꾸면서 살아왔습니다. 그러나 한 번도 실현하지 못했습니다. 내가 지금까지 꿈을 이루지 못한 것은 현실을 잘 몰랐기 때문입니다. 현실에 기초하지 않은 꿈은 일종의 망상입니다. 나는 꿈과 망상을 구분하지 못한 채 방 안에서 그저 머릿속으로 생각만 했던 것입니다. 수없이 고민하고 생각해도 몸소 실천하지 않으면 꿈에 한 발짝도 다가갈 수 없습니다. 현실이 중요합니다. 내 삶을 이루는 바탕이 곧 현실이기 때문입니다.

나무는 현실에 존재합니다. 나는 현실에 존재하는 나무를 보았습니다. 그리고 나무를 통해 현실에 처한 나를 보았습니다. 나무를 만난 이후, 나는 이전과 다른 차원의 꿈을 꾸었습니다.

내 인생은 나무를 만나고 바뀌었습니다. 나무를 만나기 전에는 현실과 동떨어진 꿈을 꿨지만, 나무를 만난 후에는 철저하게 현실에 바탕을 둔 꿈을 꿉니다. 꿈과 현실, 현실과 꿈은 한 몸입니다.

지금 나의 꿈은 '쥐똥나무학교'를 세우는 것입니다. 나의 나무 이름을 본뜬 학교죠. 이미 교장 자리는 예약해 두었습니다. 스스로 만든 노후 보장인 셈이죠. 지금까지 나무와 함께했으니, 더 나이가 들어 퇴직한 뒤에도 그런 삶을 계속하고 싶습니다. 일주일에 세 번 정도는 나무를 만나러 갈 예정입니다. 혼자서 가기도 하고, 여러 사람들과 함께 갈 수도 있겠죠. 사람을 모아 함께할 생각입니다. 이런 꿈에 대해 얘기하면 쥐똥나무학교에 입학하고 싶다며 언제 만드냐고 묻습니다. 그러면 나는 주저없이 이렇게 말합니다. 이미 만들었다고.

쥐똥나무학교는 이 세상에 존재하는 모든 나무들이 학교라는 의미입니다. 나는 한 그루의 나무도 심지 않았습니다. 세상에 존재하는 모든 나무가 이미 우리들에게 스승이기 때문입니다. 돈 한 푼 들

이지 않고도 얼마든지 이 세상에서 가장 아름답고 멋진 학교를 만들
수 있습니다.

　디지털 시대를 살아가는 사람들은 스마트폰이나 인터넷의 가상
공간에서 많은 시간을 보냅니다. 그러나 그들이 본 세상은 자신이
바로 만날 수 있는 세상이 아닙니다. 그것은 마치 영화를 보고 극장
에서 나오는 기분과 같습니다. 방금 영화 속에서 만난 장면과 극장
밖으로 나와 눈앞에서 마주한 현실은 너무도 다릅니다. 텔레비전으
로 보는 연예인들의 활동이나 광고는 우리들의 삶이 아닙니다. 그러
나 많은 사람들이 화려한 그들의 삶과 자신의 삶을 일치시키려고 노
력합니다. 텔레비전을 끄는 순간 현실은 척박할 뿐이죠. 나는 매일
매일 꿈을 꿉니다. 하지만 그 꿈을 이루기 위해서는 현실을 정확히
인식해야 한다는 것을 압니다. 디지털 시대에 살면서도 아날로그적

경험과 관찰이 필요한 이유입니다.

　누구든 장점만 있을 뿐 단점은 없습니다. 다른 사람의 재능이나 능력을 부러워할 필요가 없습니다. 세상에서 가장 뛰어난 사람은 자신의 장점을 알아보는 사람입니다. 나는 '실패'라는 말을 싫어합니다. 실패의 반대를 성공이라고 합니다만, 성공과 실패는 아주 모호한 말입니다. 성공과 실패의 기준을 어떻게 정할 수 있을까요.
　모든 생명체에게 실패란 없습니다. 모든 생명체의 삶은 그 목적인 행복을 스스로 찾아가는 과정에 있기 때문입니다. 모든 생명체는 탄생하는 그 순간부터 과정만 존재할 뿐입니다. 실패가 있다면 스스로 실패라고 말할 때입니다. 자신의 삶을 스스로 실패라고 규정하는데 어떻게 실패하지 않겠습니까. 어떤 상황에서도 살아 있는 자들의 삶은 모두 성공으로 가는 과정입니다.

자신보다 위대한 자연은 없습니다. 우리는 늘 자연을 위대하다고 생각하지만 인간도 자연만큼 위대합니다. 이 세상에 존재하는 모든 것은 위대하니까요. 내가 한 그루의 나무를 존경과 존중의 마음으로 바라보는 것은 곧 나 자신을 그렇게 여긴다는 뜻입니다. 내가 한 그루의 나무를 희망이라 생각하는 것은 나 자신이 곧 희망이라는 것을 의미합니다. 이처럼 모든 생각을 자신에서 출발하는 것이 진정한 자유입니다. 자유로운 삶이 곧 자존하는 삶입니다. 나무가 스스로 잎과 꽃과 열매를 만들어 성장하듯, 우리의 삶도 스스로 만들어가야 아름답습니다. 선례先例란 없습니다. 선례를 강조하는 사람은 창조적이지 못합니다. 자신이 걷는 이 길이 곧 선례입니다. 모든 생명체는 태어나면서부터 자신의 길을 걷는 창조적인 존재입니다.

아우름 13

자신만의
하늘을 가져라

1판 1쇄 발행 2016년 6월 8일
1판 3쇄 발행 2018년 12월 5일

지은이 강판권
펴낸이 김성구

단행본부 류현수 이은정 고혁 현미나 구소연
디자인 한아름 문인순
제 작 신태섭
마케팅 최윤호 나길훈 유지혜 김영욱
관 리 노신영

표지 패턴 NOSTRESS 민유경

펴낸곳 (주)샘터사
등 록 2001년 10월 15일 제1-2923호
주 소 서울시 종로구 창경궁로35길 26 2층 (03076)
전 화 02-763-8965(단행본부) 02-763-8966(마케팅부)
팩 스 02-3672-1873 **이메일** book@isamtoh.com **홈페이지** www.isamtoh.com

© 강판권, 2016, Printed in Korea.

ISBN 978-89-464-2030-4 04100
ISBN 978-89-464-1885-1 04080(세트)

이 도서의 국립중앙도서관 출판시도서목록(CIP)은 e-CIP 홈페이지
(http://www.nl.go.kr/cip.php)에서 이용하실 수 있습니다. (CIP제어번호 : CIP2016013433)

값은 뒤표지에 있습니다.
잘못 만들어진 책은 구입처에서 교환해 드립니다.

저자가 찍은 나무 사진들

우연히 나무라는 존재에 이끌려 나무를 관찰하고 연구하게 되었다.
그가 나무를 통해 얻은 가장 소중한 깨달음은 자존감이었다.
그에게 나무는 위대한 철학자요 인생의 스승이다.

| 느티나무 뿌리

| 느티나무의 줄기와 가지 |

| 느티나무 잎 뒷면

| 대추나무 꽃

| 살구나무 열매

| 느티나무의 새순

| 초록의 느티나무

| 벚꽃이 진 꽃자루

| 꽃이 핀 벚나무

| 꽃이 진 벚나무

| 벚나무 잎과 꽃

| 단풍나무 꽃

| 은행나무 단풍

| 메타세쿼이아 단풍

| 벚나무 단풍

| 느티나무 단풍